이란어 문법

دستور زبان فارسی

이란어 문법

김영연

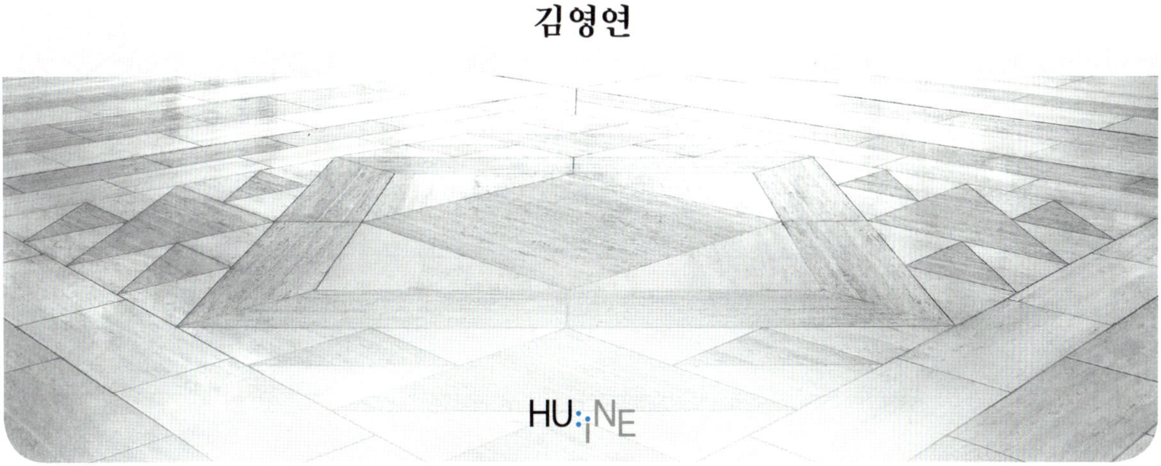

HU:iNE

머리말

문법은 외국어를 배우는데 있어 학습의 필수적인 기본과정이라고 생각한다. 그러나 현재까지 출간된 이란(페르시아)어 문법에 관한 강의용 교재는 충분하지 않은 실정이다. 이러한 점에 착안하여 이 책은 총 20과와 부록의 5과로, 우선 문자와 발음을 시작으로 각 품사와 시제로 구분하여 예를 통해 설명하는 형식이다. 아울러 문어와 구어의 구분이 존재하는 이란(페르시아)어이기 때문에 발음 부분에 있어서는 별도의 설명부분을 배정하여 보다 정확한 학습단계가 될 수 있도록 구성하였다. 무엇보다도 강의교재라는 특성이 우선되었으나, 쉽게 이해할 수 있도록 상세한 설명과 간단한 예문은 학습하는데 큰 도움을 줄 것이라 기대한다.

이란(페르시아)어는 인도. 유럽어족에 속하는 언어이다. 이란 역사에 버금가는 문학적 언어로서, 알파벳은 아랍어에서 차용한 28자를 기본으로, 고유의 4자를 더 첨가하여 32자로 이루어졌다. 음운에 있어서는, 아랍어와 마찬가지로 모음을 표기하지 않기 때문에, 발음을 익히는 과정이 요구되고, 문자 쓰기의 수순은 우리글과는 반대로 오른쪽 방향에서 왼쪽 방향으로 진행된다. 그러나 문법적인 면에서는 그다지 어려운 언어는 아니다. 기본적인 문법의 틀을 익히면, 쉽게 문장을 작성하고, 일상적인 소통이 가능하다. 물론 문어와 구어의 구분된 발음이 존재하지만 이것 역시 원칙을 익히면 다른 외국어에 비해 단순하여 쉽게 일상 회화의 수준으로 입문할 수 있다.

이 책이 이란(페르시아)어를 학습하는데 조금이나마 도움이 된다면, 저자로서 더 할 나위 없는 기쁨이 될 것이다.

2017년 2월

저자

목 차

1

문자와 발음

1. 문자

이란(페르시아)어의 알파벳은 32자이다. 그 중 28자는 아랍어의 알파벳과 동일하다. 나머지 4자(پ, چ, ژ, گ)가 순수한 이란(페르시아)어 문자이다. 32자는 자음의 기능을 하고, 3자는 모음의 기능도 함께 한다.

1) 이란(페르시아)어 알파벳

순서	명칭		단독형	연결형	음가
1	alef	الف	ا	ااا	a. e. o. ā
2	be	ب	ب	ببب	b
3	pe	پ	پ	پپپ	p
4	te	ت	ت	تتت	t
5	se	ث	ث	ثثث	s
6	jim	جیم	ج	ججج	j
7	che	چ	چ	چچچ	ch
8	he	ح	ح	ححح	h
9	khe	خ	خ	خخخ	kh
10	dāl	دال	د	ددد	d

순서	명칭		단독형	연결형	음가
11	zãl	ذال	ذ	ذذذ	z
12	re	ر	ر	ررر	r
13	ze	ز	ز	ززز	z
14	zhe	ژ	ژ	ژژژ	zh
15	sin	سین	س	سسس	s
16	shin	شین	ش	ششش	sh
17	sãd	صاد	ص	صصص	s
18	zãd	ضاد	ض	ضضض	z
19	tã	طا	ط	ططط	t
20	zã	ظا	ظ	ظظظ	z
21	‘ein	عین	ع	ععع	‘
22	ghein	غین	غ	غغغ	gh
23	fe	ف	ف	ففف	f
24	qãf	قاف	ق	ققق	q
25	kãf	کاف	ک	ککک	k
26	gãf	گاف	گ	گگگ	g
27	lãm	لام	ل	للل	l
28	mim	میم	م	ممم	m
29	nun	نون	ن	ننن	n
30	vãv	واو	و	ووو	v, u, o, ou
31	he	ه	ه	ههه	h
32	ye	ی	ی	ییی	y, i

2. 자음

이란어는 알파벳 32자가 자음의 역할을 할 수 있다.

1) ا (اَلِف) (alef)

알레프는 이란(페르시아)어 알파벳 중에서 모음과 자음의 기능을 하는 3개의 문자 중 하나이다. 자음의 기능을 할 때 음가는 우리말의 '이응'이라고 생각하면 된다. 단, 자음의 기능은 어두에 위치할 경우에만 적용된다. 따라서 어중이나 어미에 위치하는 경우에는 모음 기능만 한다. 다시 말해 어중과 어미에 위치하며, 그 음가는 장모음으로 [어(ã)]이다.[1]

따라서 모음부호[2]인 ◌َ, ◌ُ, ◌ِ와 결합하면 아래와 같은 발음이 된다.

① اَ [이응+a=a], اُ [이응+o=o], اِ [이응+e=e]

2) ب (be), پ (pe), ت (te), ث (se)[3]

이 문자의 음가는 영어의 /b/, /p/, /t/, /s/과 유사하다. 따라서 모음부호인 ◌َ, ◌ُ, ◌ِ와 결합하면 아래와 같은 발음이 된다.

① بَ [b+a=ba], بُ [b+o=bo], بِ [b+e=be]

② پَ [p+a=pa], پُ [p+o=po], پِ [p+e=pe]

③ تَ [t+a=ta], تُ [t+o=to], تِ [t+e=te]

④ ثَ [s+a=sa], ثُ [s+o=so], ثِ [s+e=se]

---

1) '모음'란 참고.
2) '발음부호'란 참고.
3) 한국어의 ㅆ의 소리와 동일하다. 따라서 영어의 [s]음에 된소리를 내어야 한다.

3) ج (جیم) (jim), چ (che), حِ (he), خِ (khe)[4]

이 문자의 음가는 영어의 [j], [ch], [h], [kh]와 유사한 음이다. 따라서 모음부호인 ◌َ, ◌ُ, ◌ِ 와 결합하면 아래와 같은 발음이 된다.

① جَ [j+a=ja], جُ [j+o=jo], جِ [j+e=je]

② چَ [ch+a=cha], چُ [ch+o=cho], چِ [ch+e=che]

③ حَ [h+a=ha], حُ [h+o=ho], حِ [h+e=he]

④ خَ [kh+a=kha], خُ [kh+o=kho], خِ [kh+e=khe]

4) د (دال) (dãl) , ذ (ذال)(zãl), رِ (re), ز (ze), ژ (zhe)

이 문자의 음가는 영어의 [d], [z], [r], [z], [zh]와 유사한 음이다. ذ 과 ز 은 음가가 동일한 문자이다. 모음부호인 ◌َ, ◌ُ, ◌ِ 와 결합하면 아래와 같은 발음이 된다.

① دَ [d+a=da], دُ [d+o=do], دِ [d+e=de]

② ذَ [z+a=za], ذُ [z+o=zo], ذِ [z+e=ze]

③ رَ [r+a=ra], رُ [r+o=ro], رِ [r+e=re]

④ زَ [z+a=za], زُ [z+o=zo], زِ [z+e=ze]

⑤ ژَ [zh+a=zha], ژُ [zh+o=zho], ژِ [zh+e=zhe]

5) س (سین) (sin), ش (شین) (shin)

이 문자의 음가는 영어의 [s], [sh]와 유사한 음이다. س 의 음가는 2)의 ④와 동일한 음이다. 따라서 모음부호인 ◌َ, ◌ُ, ◌ِ 와 결합하면 아래와 같은 발음이 된다.

① سَ [s+a=sa], سُ [s+o=so], سِ [s+e=se]

② شَ [sh+a=sha], شُ [sh+o=sho], شِ [sh+e=she]

---

4) ㅋ과 ㅎ의 중간발음이다.

6) ص (صاد) (sãd), ض (ضاد) (zãd)

이 문자의 음가는 영어의 [s], [z]와 유사한 음이다. ص 의 음가는 2)의 ④와 5)의 ①과 동일한 음이다. ض 는 4)의 ②, ④와 동일한 음이다. 따라서 모음부호인 ◌َ, ◌ُ, ◌ِ 와 결합하면 아래와 같은 발음이 된다.

① صَ [s+a=sa], صُ [s+o=so], صِ [s+e=se]

② ضَ [z+a=za], ضُ [z+o=zo],ضِ [z+e=ze]

7) ط (طا) (tã), ظ (ظا) (zã)

이 문자의 음가는 영어의 [t], [z]와 유사한 음이다. ط 의 음가는 2)의 ③과 동일한 음이다. ظ 는 4)의 ②, ④와 6)의 ②와 동일한 음이다. 따라서 모음부호인 ◌َ, ◌ُ, ◌ِ 와 결합하면 아래와 같은 발음이 된다.

① طَ [t+a=ta], طُ [t+o=to], طِ [t+e=te]

② ظَ [z+a=za], ظُ [z+o=zo], ظِ [z+e=ze]

8) ع (عين) ('ein), غ (غين) (ghein)

이 문자는 성문폐쇄음으로 말 그대로 성문을 다소 누른 상태에서 낼 수 있는 음이다. 각기 ['], [gh]으로 표기할 수 있다. [']음은 한국어의 이응소리를 약간 힘있게, 끊어서 내면 유사한 음이 된다. [gh]음은 성문을 좁혀 한국어의 기역소리를 내면 유사한 음이 된다. 모음부호인 ◌َ, ◌ُ, ◌ِ 와 결합하면 아래와 같은 발음이 된다.

① عَ ['+a='a], عُ ['+o='o], عِ ['+e='e]

② غَ [gh+a=gha], غُ [gh+o=gho], غِ [gh+e=ghe]

9) ف (فِ) (fe), ق (قاف) (qãf)

이 문자의 음가는 영어의 [f], [q]와 유사한 음이다. ق 의 음가는 8)의 ②의 음가와 동일하게 설명하는 경우도 있다. 이는 두 문자의 음이 혹사하기 때문이다. 모음부호인 ◌َ, ◌ُ, ◌ِ 와 결합하면 아래와 같은 발음이 된다.

① فَ [f+a=fa], فُ [f+o=fo], فِ [f+e=fe]

② قَ [q+a=qa], قُ [q+o=qo], قِ [q+e=qe]

10) ک (کاف) (kãf), گ (گاف) (gãf)

이 문자의 음가는 영어의 [k], [g]와 유사한 음이다. 단, 다른 문자의 음과 달리, 두 문자에 모음부호 ◌َ 이 오면, [a/아/]가 아니고, [ya/야/]음이 되는 예외적인 요소가 있다. 모음부호인 ◌َ, ◌ُ, ◌ِ 와 결합하면 아래와 같은 발음이 된다.

① کَ [k+a=kya/캬/][5], کُ [k+o=ko], کِ [k+e=ke]

② گَ [g+a=gya/갸/][6], گُ [g+o=go], گِ [g+e=ge]

11) ل (لام) (lãm), م (میم) (mim), ن (نون) (nun)

이 문자의 음가는 영어의 [l], [m], [n]과 유사한 음이다. 단, ل 이 어중에 위치하면 음가는 두 번 활용된다. 모음부호인 ◌َ, ◌ُ, ◌ِ 와 결합하면 아래와 같은 발음이 된다.

① لَ [l+a=la], لُ [l+o=lo], لِ [l+e=le]

② مَ [m+a=ma], مُ [m+o=mo], مِ [m+e=me]

③ نَ [n+a=na], نُ [n+o=no], نِ [n+e=ne]

12) و (واو)(vãv)

이 문자는 자음과 모음의 기능을 한다. 자음의 기능을 할 때 음가는 영어의 [v]와 유사한 음이다. 모음의 기능을 할 때 음가는 [u]가 되며 이 경우 장모음으로 취급한다. 그

5) 이 문자에 ◌َ가 있는 경우, 로마자로 표기할 경우, [kya]로 한다.
6) 이 문자에 ◌َ가 있는 경우, 로마자로 표기할 경우, [gya]로 한다.

러나, 때로는 [o] 또는 [ou]가 되기도 한다.[7] 모음부호인 ◌َ, ◌ُ, ◌ِ 와 결합하면 아래와 같은 발음이 된다.

① وَ [v+a=va], وُ [v+o=vo], وِ [v+e=ve]

13) ه (هِ)(he)

이 문자의 음가는 영어의 [h]에 해당되며, 3)의 ③과 동일한 음가를 가진다. 이 문자가 자음과 연결될 때는 묵음이 된다.[8] 따라서 [h]의 음가 대신 /e/의 음가를 취하기 때문에 모음으로 혼동하는 경우가 많다. 그러므로 특별히 주의해야 한다. 모음부호인 ◌َ, ◌ُ, ◌ِ 와 결합하면 아래와 같은 발음이 된다.

① هَ [h+a=ha], هُ [h+o=ho], هِ [h+e=he]

14) ی (یِ) (ye)

이 문자는 1)과 12) 문자와 함께 자음인 동시에 모음의 기능도 한다. 자음의 기능을 할 때 음가는 영어의 [y]음과 유사하다. 모음의 기능을 할 때는 장모음으로 취급되는 [i]음가를 가진다. 그러나 때로는 이중모음인 [ai], [ei]음가를 가지는 경우도 있다.[9] 모음부호인 ◌َ, ◌ُ, ◌ِ 와 결합하면 아래와 같은 발음이 된다.

① یَ [y+a=ya], یُ [y+o=yo], یِ [y+e=ye]

---

7) '모음'란 참고.

8) 묵음의 ه 와 유음의 ه 로 구분한다. 묵음의 ه 는 자음과 연결되는 경우, 본래의 음가인 [h]음은 생략되고, 그 대신 [e]음으로 변한다. 유음의 ه 는 모음과 연결되는 경우로, 본래의 음인 [h]음을 그대로 낸다.
예: خ+ا+ن+ه = خانه [khāne] 집
م+ا+ه = ماه [māh] 달, 월(月)

9) 주로 외래어에 존재한다.
예: ع+ی+د = عید ['eid='id] 명절, 축제
س+ی+ا+ر+ه = سیاره [saiyāre] 별

3. 모음

이란어의 모음은 2가지로 분류할 수 있다. 하나는 알파벳 중에 있는 문자이고 나머지 하나는 부호로서 존재한다. 문자는 반드시 표기되지만, 부호는 생략할 수 있다. 앞서 설명한대로 이란어 알파벳 32개의 문자 가운데, 다음의 3자는 모음의 기능을 하며, 자음과 결합하여 음절을 구성한다.

1) 문자

문자로 존재하는 모음은 설명한 대로 الف (alef), واو (vãv), ی (ye)이다.

① ا (الف)

ا 가 어두에 위치하는 경우는 다음과 같이 표기한다.

آ = ا + ا [이응+ã=ã]

첫 번째 알레프는 자음이고 두 번째 알레프는 모음으로 발음은 [어]가 된다. 이 경우는 반드시 آ 로 표기한다. 단, 알레프가 어휘의 중간 혹은 맨 마지막 위치에 오면 동일한 [어]이지만 맏데는 올 수 없다.

آب = ب + ا + ا [이응+ã+b=ãb] 물

سارا = ا + ر + ا + س [s+ã+r+ã =sãrã] (여자) 이름

② و (واو)

و 가 어중에서 자음과 연결되면, [o] 혹은 [u], [ou][10]의 음가를 갖게 된다.

د + و = دو [d+o=do] 2

ر + و = رو [r+u=ru] 얼굴, 위

ا + و + ل + ا + د = اولاد [이응+ou+l+ã+d=oulãd] 어린이, 자손

③ ی (یِ)

ی 가 어중에서 자음과 연결되면, [i] 혹은 [ei], [ai][11]의 음가를 갖게 된다.

س + ی = سی [s+i=si] 30

ا + ی + و + ا + ن = ایوان [이응+ei+v+ã+n=eivãn] 베란다

س + ی[12] + ا + ر = سیار [s+a+i+y+ã+r=saiyãr] 움직이는, 혹성

2) 부호

모음의 음가를 가진 부호는 [a], [e], [o]의 음가로 3가지 종류가 있다. 이 부호들은 표기를 생략할 수도 있다.

---

10) 현대 이란어에서는 이 발음을 표기할 때, 자음 위에 ◌ُ를 붙인다.

11) 현대 이란어에서는 [ei] 발음은, 자음 아래 ◌ِ를, [ai] 발음은 자음 위 ◌َ를 붙여 나타낸다. [ei]를 [ey]로, [ai]를 [ay]로 표기하기도 한다.

12) '발음부호'란 참고. 타쉬디드를 생략한다.

① ◌َ (fathe)

자음 위에 이 부호가 있으면, [a] 모음 발음을 넣어 발음한다.

زَن [z+a+n=zan] 여성, 아내

سَر [s+a+r=sar] 머리, 우두머리

عَرَب ['+a+r+a+b='arab] 아랍인

سَفَر[s+a+f+a+r=safar] 여행

حَرَکَت [h+a+r+a+k+a+t=harakyat] 움직임, 행동

خَبَر [kh+a+b+a+r=khabar] 소식

② ◌ُ (zamme)

자음 위에 이 부호가 있으면, [o] 모음 발음을 넣어 발음한다.

گُل [g+o+l=gol] 꽃

شُتُر [sh+o+t+o+r=shotor] 낙타

دُختَر [d+o+kh+t+a+r=dokhtar] 딸, 소녀

غُروب [gh+o+r+u+b=ghorub] 일몰

پُل [p+o+l=pol] 다리

بُشقاب [b+o+sh+q+ã+b=boshqãb] 접시

③ ◌ِ (kyasre)

자음 아래에 이 부호가 있으면, [e] 모음 발음을 넣어 발음한다.

مِداد [m+e+d+ã+d] 연필

گِل [g+e+l=gel] 진흙

چِرا [ch+e+r+ã=cherã] 왜

پِسَر [p+e+s+a+r=pesar] 아들, 소년

پِدَر [p+e+d+a+r=pedar] 아버지

جِگَر [j+e+g+a+r=jegyar] 간장(肝腸)

4. 발음부호

1) ْ (sokhun)

음절 구성에서 알 수 있듯이, 이란어는 어휘의 끝자리에 자음이 두 개까지 연이어 올 수 있다. 이를 미루어 이란어의 음절구성은 모음으로 끝나는 어휘를 제외하고, 모든 어휘는 자음으로 끝난다. 연이어 오는 두 개의 자음 가운데 선행한 자음이 모음부호가 붙지 않는 자음이라는 것을 확실히 나타낼 때, 이 부호가 붙는다. 단, 이 부호 표기도 생략할 수 있다.

اَسْب [이응+a+s+b] 말(馬)

سَطْل [s+a+t+l=satl] 바구니

سَرْد [s+a+r+d=sard] 추운

دَسْت [d+a+s+t=dast] 손, 방향

اَسْت [a+s+t=ast] ...이다, 있다

مَرْد [m+a+r+d=mard] 남자, 사람, 인간

2) ّ (tashdid)

문자가 반복적으로 발음된다는 의미를 나타낼 때 붙는다. 이 부호가 붙은 문자는 자음/모음, 혹은 모음/자음의 기능으로 활용된다. 단, 이 부호 표기도 생략할 수 있다.

ا + م + م + اَ = اَمّا [a+m+m+ã=ammã] 그러나

ى + ن + ج + ج + مَ = مَجّانى [m+a+j+j+ã+n+i=majjãni] 무료의, 공짜의

ت + لَ + ل + عِ = عِلَّت [‘+e+l+l+a+t=‘ellat] 이유

3) 그 이외의 부호

① آ (madde가 붙은 alef)

모음 부분에서 설명한대로 어두에 /alef/가 오는 경우이다. 발음은 [ã]가 된다.

آگاهی [ãgãhi] 통지, 지시

آسِمان [ãsemãn] 하늘

آفتاب [ãftãb] 햇빛, 태양

آقا [ãqã] …씨, 신사, 선생님

단, 예외적으로 어중에 와도 آ 로 쓰는 어휘가 있다.

قُرآن [qorãn] 코란, 이슬람경전

② ء (hamze)

아랍어에서 차용된 어휘에 붙어 성문폐쇄음으로 발음한다.

i 자음 + ؤ 는 [o'], [o'a] 발음한다.

سؤال [so'ãl] 질문

مؤمِن [mo'men] 신자, 신도

مؤدَب [mo'adab] 예의바른, 정중한

مؤبَد [mo'abbad] 영구한, 불후의, 영원의

ii 자음 + أ 는 [a'] ,[a'a], ['a]로 발음한다.

مُتأسِف [mota'assef] 유감스러운

تأثیر [ta'sir] 인상, 영향

رأی [ra'y] 투표

جُرأت [jor'at] 용기

iii 자음 + ئـ 는 ['], ['a]로 발음한다.

رَئیس [ra'is] 장(長), 사장, 장관, 총장

مُطمَئِن [motma'en] 틀림없는, 안전한

مَسئول [mas'ul] 책임자, 책임이 있는　　　مَسئله [mas'ale] 문제, 의문, 볼 일

③ یٰ (alef maqsure)

ی 자 위에 작은 الف(ٰ)가 있어 발음이 [ã]가 된다. الف 를 생략하고, 표기할 때는 ی 만 쓰고, 발음은 [ã]로 한다. 따라서 이 부호가 붙은 어휘는 발음과 문자를 함께 암기해야 한다.

حَتّیٰ [hattã] …조차도, ...하는 한　　　عیسیٰ ['isã] 예수

موسیٰ [musã] 모세　　　کُبریٰ [kobrã] 위대한

④ ً (tanvin)

ا 위에 붙어 발음은 [an]이 된다. 이 부호가 있는 어휘는 부사이다.

تَقریباً [taqriban] 대략, 약　　　حَتماً [hatman] 반드시

مَثَلاً [masalan] 예를 들어　　　فُوراً [fouran] 곧, 즉시

4) 특수한 발음

음절을 구성한 문자가 어휘 내에서 그 발음이 생략되는 경우가 있다.

① ... خوا / خا = / [khã]/, ... خوی /خی = / [khi]

خوا 로 시작할 때 و 의 발음은 생략된다. 그러므로 [khã]로 발음한다. ...خوی 로 시작할 때 역시 و는 생략되어 [khi]로 발음한다.

خواهِش [khãhesh] 원함, 요구　　　خواهَر [khãhar] 자매

خویش [khish] 자신, 자기자신의　　　خویشاوَند [khishãvand] 친척

② 어미에 오는 ه

어미에 오는 자음 ه 는 아래와 같이 두 개의 음가로 발음한다.

i 묵음 ه

한 단어의 끝에 위치하여 그 앞의 문자가 자음인 경우, ه 는 본래의 음인 [h]음은 탈락되고 대신 [e]음으로 발음한다.

خانه [khãne] 집　　　　بچّه [bachche] 어린아이

قهوه [qahve] 커피　　　　گُربه [gorbe] 고양이

단, 예외적인 경우로, ه 앞에 위치한 자음에 모음부호를 가진 경우는 [h]음은 그대로 발음을 하는 단어도 있다.

دَه [dah] 10　　　　دِه [deh] 시골, 읍, 촌락

مِه [meh] 안개　　　　رَه [rah] راه 의 축약형, 길, 방도

ii 유음 ه

한 단어의 끝에 위치하여 모음 ی ، واو ، الف 와 연결된 ه 는 본래의 음인 [h]음을 그대로 발음한다.

راه [rãh] 길, 방도　　　　سیاه [siyãh] 검은, 검은색의, 흑인의

انبوه [anbuh] 풍부한, 군중　　　　شبیه [shabih] 유사한, 비슷한, 닮은

③ 어미에 오는 نگ ...

어미에 오는 경우 [ŋ] 발음이 된다.

رَنگ [raŋ] 색, 빛깔　　　　جَنگ [jaŋ] 전쟁

پارکینگ [pãrkiŋ] 주차, 주차장　　　　قَشَنگ [qashaŋ] 예쁜, 아름다운

5. 음절

이란(페르시아)어의 음절은 다음과 같은 원칙으로 구성된다.

1) 자음 + 모음

어휘는 모음으로 끝난다.

ا + ا = آ [이응+ã=ã]

ج + ا = جا [j+ã=jã]

ع + ا = عا [ʻ+ã=ʻã]

د + و = دو [d+o=do]

ی + ی = یی[13] [y+i=yi]

ف + ی = فی [f+i=fi]

2) 자음 + 모음/모음부호 + 자음

어휘는 한 개의 자음으로 끝난다.

آ + ا + ش = آش [a+a+sh=ãsh] 이란식 스프

ت + َ + ب = تَب [t+a+b=tab] 열

ک + ِ + ل + ا + س = کلاس [k+e+l+ã+s=kelãs] 클래스, 학급, 강의실

3) 자음 + 모음/모음부호 + 자음 + 자음

어휘는 두 개의 자음으로 끝난다. 따라서 자음에는 모음문자나 모음부호가 붙을 수 없다.

ا + َ + س + ب = اسب [이응+a+s+b=asb] 말(馬)

د + ا + ش + ت = داشت [d+ã+sh+t=dãsht] (그, 그녀는) 가지고 있었다

س + َ + م + ت = سمت [s+a+m+t=samt] 방향, 쪽

13) ی + ی = یی / ئی 로 쓰기도 한다.

2

명사, 형용사

1. 명사

이란(페르시아)어의 명사에는 단수형과 복수형이 있다. 복수일 경우에는 복수형 어미로 변형시키지만 아랍어에서 차용된 어휘는 별도의 형태로 정착되어 활용되고 있다.

① 복수형 어미

사물이나 무생물일 경우은 ها ... [hã], 인간이나 동물 혹은 식물과 같이 자생하는 것, 신체기관에 두 개 이상 있는 것은 ان ... [ãn]을 붙인다. 그러나 현대 이란(페르시아)어에서는 구별없이 활용하는 추세이다.

단수형		복수형
مَرد [mard]	→	مَردان [mardãn] 남성, 사람
		مَردها [mardhã]
دُختَر [dokhtar]	→	دُختَران [dokhtarãn] 딸, 소녀
		دُختَرها [dokhtarhã]
كِتاب [ketãb]	→	كِتابها / كِتاب ها [ketãbhã] 책
باغ [bãgh]	→	باغها / باغ ها [bãghhã] 정원

단, ها .... 와 ان ...으로 의미가 달라지는 경우가 있다.

سَر [sar] 머리 → سَران [saran] 우두머리, 보스, 수뇌
سَرها [sarhā] 머리들

صَد [sad] 100 → صَدان [sadān] 수백 명(사람을 지칭)
صَدها [sadhā] 수백 개(사물을 지칭)

② 복수형 어미의 표기

복수형 어미를 붙일 때, 연결되는 명사의 끝음에 따라 표기가 달라진다.

i [ā] 혹은 [u]로 끝나는 명사에 복수형 어미 ان ... 를 붙이는 경우, 모음이 연이어 결합되는 것을 막기 위해 자음의 역할을 하는 ی 를 첨가한다. 이는 이란(페르시아)어의 모음 충돌 회피 현상이 적용된 예이다.

단수형		복수형
دانِشجو [dāneshju] 대학생	→	دانِشجویان [dāneshjuyān]
آقا [āqā] 남성에 대한 존칭	→	آقایان [āqāyān]

예외적으로, [u]로 끝나는 일부 명사 가운데 복수형 어미 ان ... 이 연결되면서 자음 발음이 생성되는 경우도 있다.

단수형		복수형
بازو [bāju] 팔, 팔뚝	→	بازُوان [bājovān]
بانو [bānu] 귀부인, 숙녀	→	بانُوان [bānovān]
کَندو [kandu] 벌통, 벌집	→	کَندُوان [kandovān]

ii [ou]로 끝나는 명사에 복수형 어미 ان ... 를 붙이는 경우, [...avãn]이 된다.

단수형		복수형
پیشرُو [pishrou] 개척자, 선구자	→	پیشرَوان [pishravãn]
پیرُو [peyrou] 추종자, 문하생	→	پیرَوان [peyravãn]

iii [i]로 끝나는 명사에 복수형 어미 ان ... 를 붙이는 경우, 모음이 충돌하는 것을 피하기 위해 자음 ی 의 역할을 첨가시켜 [···iyãn]발음이 된다.

단수형		복수형
ایرانی [irãni] 이란인	→	ایرانیان [irãniyãn]

iv 묵음의 ه로 끝나는 명사에 복수형 어미 ها ... 를 붙이는 경우에는 반드시 분리해서 쓴다.

단수형		복수형
خانه [khãne] 집	→	خانه ها [khãnehã]
موزه [muze] 박물관	→	موزه ها [muzehã]

단, 복수형 어미 ان ... 를 붙이는 경우, ه 를 탈락시키고, گان ... [···egãn]이 된다.

단수형		복수형
سِتاره [setãre] 별(星)	→	سِتارِگان [setãregãn]
خوانَنده [khãnande] 독자, 가수	→	خوانَندِگان [khãnandegãn]

③ 아랍어에 기원을 둔 명사의 복수형

아랍어에서 차용된 명사는 별도의 형태로 활용한다. 그러나 일부 명사는 이란(페르시아)어의 복수형 어미를 붙여 혼용하기도 한다.

단수형		복수형
اِطِلاع [ettelãh] 정보, 통지	→	اِطِلاعات [ettelã'ãt]
عِلم [ʻelm] 지식, 학문, 과학	→	عُلوم [ʻolum]
مِلَّت [mellat] 국민, 국가	→	مِلَل [mellal]
		مِلَت ها [mellathã]
وَقت [vaqt] 시간, 때	→	اوقات [ouqãt]
		وَقتها / وقت ها [vaqthã]

2. 형용사

이란(페르시아)어의 형용사는 성(性), 수(數) 등에 의해 변하지 않는다. 그리고 보어로 활용하거나 명사를 수식하는 경우도 어미 변화는 없다. 다만 비교급과 최상급이 되는 경우 어미가 붙게 된다. 형용사가 명사화되어 활용되면, 복수형 어미를 붙여 사람이나 사물을 지칭한다.

① 보어의 경우 형용사 그대로 활용한다. 단 بودن [budan] 동사를 동반한다.

این کار آسان اَست. [in kār āsān ast.] 이 일은 쉽다.

(این [in] 이 کار [kār] 일 آسان [āsān] 쉬운 است [ast] ...이다)

آن زَن مَشهور بود. [ān zan mashhur bud.] 저 여자는 유명했다.

(آن [ān] 그 زن [zan] 여자 مشهور [mashhur] 유명한 بود [bud] …했다)

② 명사를 수식하는 경우, 형용사는 원칙적으로 수식하는 명사의 뒤에 온다. 수식관계를 나타내기 위해서 에저훼[1)]가 들어간다.

مَنزِلِ بُزُرگ [manzel e bozorg] 큰 집

(منزل [manzel] 집 بزرگ [bozorg] 큰)

لِباسِ گِران [lebās e gerān] 비싼 옷

(لباس [lebās] 옷 گران [gerān] 비싼)

1) '에저훼'란 참고.

③ 형용사의 비교급은 원급에 어미 تَر ... [···tar], 최상급은 원급에 어미 تَرين ... [...tarin] 을 붙여 나타낸다.

원급	비교급	최상급
بزرگ [bozorg] 큰	بزرگتر [bozorgtar] 더 큰	بزرگترین [bozortarin] 가장 큰
تازه [tãze] 신선한	تازه تر[2] [tãzetar] 더 신선한	تازه ترین [tãzetarin] 가장 신선한
خوب[3] [khub] 좋은, 잘	بِهتر [behtar] 더 좋은, 더 잘	بِهترین [behtarin] 가장 좋은, 가장 잘

④ 형용사가 명사화된 경우 복수형 어미가 붙어 소속된 사람이나 사물을 표현한다.

단수형		복수형
بُزُرگ [bozorg] 큰, 위대한	→	بُزُرگان [bozorgãn] 위인, 명사
دیگر [digyar] 다른, 다음의	→	دیگران [digyarãn] 타인, 다른 사람
		دیگرها [digyarhã] 다른 것, 다른 물건

형용사의 최상급이 명사화된 경우 에저훼를 취할 수 있다.

بُزُرگتَرینِ مَنزِلها ی این شَهر [bozorgtarin e manzelhã ye in shahr]
이 도시의 집들 중 가장 큰 것(집)

2) 묵음의 ه 와 ت ،ی 로 끝나는 어휘는 비교급과 최상급 어미를 띄어쓴다.
3) 이 어휘만 유일하게 예외이다.

⑤ 가까운 것은 این [in] (이), 먼 것은 آن [ãn] (저, 그) 이 명사 앞에 위치하여 활용된다. 지시형용사의 명사형은 존재하지 않고, 다만 명사의 복수형으로 대신한다.

این دُختَر	[in dokhtar] 이 소녀
این دُختَرها / این دُختَران	[in dokhtarhã/in dokhtarãn] 이 소녀들
آن دِرَخت	[ãn derakht] 저/그/나무
آن دِرَختها / آن دِرَختان	[ãn derakhthã/ãn derakhtãn] 저/그/나무들
این دانِشجویان	[in dãneshjuyãn] 이 대학생들
آن دانِشجویان	[ãn dãneshjuyãn] 저/그/대학생들

3

지시대명사, 인칭대명사, 에저훼

1. 지시대명사

지시대명사에는 این [in] (이, 이것)과 آن [ãn] (그, 그것, 저, 저것)이 있다. 복수형은 اینها [inhã] (이것들)과 آنها [ãnhã] (그것들, 저것들)이 있다.

2. 인칭대명사

인칭대명사는 분리형과 비분리형으로 구분한다.

1) 분리형

	단수형	복수형
1인칭	مَن [man] 나	ما [mã] 우리, 우리들
2인칭	تُو [to] 너	شُما [shomã] 당신, 너희들, 댁(존칭)
3인칭	او [u] 그, 그녀	آنها [ãnhã] 그들, 그녀들, 그것들
		ایشان [ishãn] 그들, 그녀들

2인칭 대명사 단수형은 가족이나 친구처럼 가까운 관계, 화자보다 나이가 어린 상대와 신에 대하여 사용한다. 이외에 상대가 단수라 할지라도 2인칭 복수형을 쓰는 경우는 존칭을 나타낸다.

2) 비분리형

	단수형	복수형
1인칭	◌َم ... [···am]	◌ِ مان ... [···emãn]
2인칭	◌َت ... [···at]	◌ِتان ... [···etãn]
3인칭	◌ِش ... [···e/a/sh]	◌ِ شان ... [···eshãn]

비분리형 인칭대명사는 반드시 명사, 형용사, 전치사와 함께 연결하여 활용한다. 비분리형 인칭대명사는 주로 구어와 편리성을 위해 사용하고, 비인칭동사인 경우 의미상의 주어나 목적어를 지칭할 때 활용된다. 비분리형 인칭대명사는 '···의', '···을, ...를', '···에게', '···으로'로 해석된다.

3. 에저훼

문법용어 에저훼 اضافه /ezãfe/ 는 '더함', '보탬'이라고 하는 사전적 의미를 가지고 있다. 문법상 발음 [e]가 첨가되어, 문법적 기능을 전한다. 예를 들면, 형용사와 명사의 수식, 명사와 인칭대명사의 소유관계를 나타낼 때 그 기능을 한다.

1) 발음

단어의 끝자리가 자음, 모음, 묵음의 ه 인 경우 그 발음은 각기 달라진다.

① 자음인 경우

발음 /e/만 첨가된다.

گُل [gol] 꽃 + سِفید [sefid] 하얀 → گُلِ سِفید [gol e sefid] 하얀 꽃

مَن [man] 나 + اِسم [esm] 이름 → اِسمِ مَن [esm e man] 나의 이름

زَبان [zabãn] 언어 + کُره ای [korei] 한국의

→ زَبانِ کُره ای [zabãn e korei] 한국어

② 모음 ا [ã]와 و [u] 인 경우

자음 یِ [ye]를 쓰고, 그 발음은 [ye]가 첨가된다.

پا [pã] 다리, 발 + شُما [shomã] 당신 → پای شُما [pã ye shomã] 당신의 발(다리)

هَوا [havã] 날씨 + خوب [khub] 좋은 → هَوای خوب [havã ye khub] 좋은 날씨

مو [mu] 머리카락 + بُلَند [boland] 긴 → موی بُلَند [mu ye boland] 긴 머리카락

سو [su] 방향, 쪽 + شُمال [shomãl] 북 → سوی شُمال [su ye shomãl] 북쪽

③ 모음 ی [i]인 경우

단어 자체에 ی가 있으므로, 발음 [ye]만 더 첨가한다.

سَبزی [sabzi] 채소 + مانده [mãnde] 묵은

→ سبزیِ مانده [sabzi ye mãnde] 묵은 채소

صَندَلی [sandal] 의자 + او [u] 그, 그녀

→ صندلیِ او [sandal ye u] 그(그녀)의 의자

ماهی [mãhi] 생선 + تازه [tãze] 신선한

→ ماهیِ تازه [mãhi ye tãze] 신선한 생선

④ 묵음의 ه 인 경우

묵음의 ه 는 그 발음이 [e]인 관계로, ء [1] 또는 ی [2]를 쓰고 발음 [ye]를 첨가한다.

خانه [khãne] 집 + بُزُرگ [bozorg] 큰 →

خانه ی بُزُرگ [khãne ye bozorg] 또는 خانهٔ بُزُرگ [khãne ye bozorg] 큰 집

گُربه [gorbe] 고양이 + شُما [shomã] 당신 →

گُربهٔ شُما [gorbe ye shomã] 또는 گُربه ی شُما [gorbe ye shomã] 당신의 고양이

1) 이 부호는 생략하기도 한다.

2) 현대 이란어에서는 주로 이 표기를 활용한다.

2) 용법

에저훼는 다음과 같은 경우 첨가되어, 문법적인 요소로 기능한다.

① 명사 / 대명사 + 형용사

این کیفِ جدید است.

[in kif e jadid ast] 이것은 새 가방이다.

(این [in] 이(이것) + کیف [kif] 가방 + جَدید [jadid] 새로운 + اَست [ast] 이다)

آنهایِ بیچاره به ایران رفتند.

[ãnhã ye bichãre be irãn raftand] 가여운 그들은 이란으로 갔다.

(آنها [ãnhã] 그들 + بیچاره [bichãre] 가엾다 + به [be] ..로 + ایران [irãn] 이란 + رفتند [raftand] 갔다)

② 명사 + 명사 / 대명사

명사와 명사 사이에 에저훼가 연결되는 경우 소유, 기원, 동격, 재질, 비교 등 다양한 의미를 나타낸다. 피수식어가 동사의 본형이 오면, 목적격 조사를 넣어 해석하는 것이 가능하다.

سِکه ی طَلا [seke ye tallã] 금화(金貨) (سکه [seke] 동전 + طلا [tallã] 금)

آقای عَلی پِدَرِ او است.

[ãqã ye ʿalli pedar e u ast.] 알리씨는 그의 아버지이다.

(آقا [ãqã] ...씨 + علی [ʿalli] 알리 + پدر [pedar] 아버지 + او [u] 그 است [ast] 이다)

نِوِشتَنِ این نامه

[neveshtan e in name] 이 편지를 쓰기

(نوشتن [neveshtan] 쓰기 + این [in] 이 + نامه [nãme] 편지)

③ 형용사 + 형용사

동일한 형용사를 반복하여 연결하면 강조의 의미가 된다.

داغِ داغ

[dãgh e dãgh] 덥디 더운, 매우 더운 (داغ [dãgh] 더운 + داغ [dãgh] 더운)

گوشتِ تازه ی تازه

[gusht e tãze ye tãze] 매우 신선한 고기

(گوشت [gusht] 고기 + تازه [tãze] 신선한 + تازه [tãze] 신선한)

④ 수식어가 둘 이상인 경우

수식하는 어휘가 둘 이상인 경우는 각 어휘에 에저훼를 넣는다.

کِتاب [ketãb] 책 + دوست [dust] 친구 + شُما [shomã] 당신

→ کِتابِ دوستِ شُما [ketãb e dust e shomã] 당신 친구의 책

خانه [khãne] 집 + کوچَک [kucha/e/k] 작은 + قَدیمی [qadimi] 오래된, 옛날의

→ خانه ی کوچکِ قَدیمی [khãne ye kucha/e/k e qadimi] 오래된 작은 집

جُمهوری [jomhuri] 공화국 + اِسلامی [eslãmi] 이슬람의 + ایران [irãn] 이란

→ جُمهوریِ اِسلامیِ ایران [jomhuri ye eslãmi ye irãn] 이란 이슬람 공화국

⑤ 접속사 و 로 연결된 구와 결합하는 경우

접속사 وَ 로 연결된 구와 결합하는 경우 수식하는 대상 어휘에만 에저훼를 넣어 발음한다.

گُربه [gorbe] 고양이 + سیاه و سِفید [siyãh va sefid] 흑과 백의, 흑백의

→ گُربه ی سیاه و سِفید [gorbe ye siyãh va sefid] 흑백의 고양이

위의 예문은 접속사 وَ 를 생략하여, گُربه ی سیاه ِ سِفید [gorbe ye siyãh e sefid] 로 표현할 수도 있다.

단, 두 예문을 구분한다면 접속사가 있는 문장은 흑과 백의 개별성이 강조되고 접속사 없이 에저훼로 연결된 경우는 검고 하얀 고양이라는 의미가 강하다.

خانه [khãne] 집 + پِدَر و مادَر [perdar va mãdar] 양친 + او [u] 그의, 그녀의

→ خانه ی پِدَر و مادَر ِ او [khãne ye pedar va mãdar e u] 그(그녀)의 양친의 집

그러나, '양친'과 같이 명사가 된 어휘는, وَ 를 생략하여,

خانه ی پِدَر ِ مادَر ِ او [khãne ye pedar e mãdar e u] 그(그녀)의 어머니의 아버지 집

이라고 하면 다른 의미가 되는 점을 유의해야 한다.

⑥ 에저훼를 사용하지 않는 경우

수식어의 앞에 위치한 부사, 수사, 지시형용사, 의문형용사는 수식어에 연결된 구로 취급하여 에저훼를 첨가하지 않는다.

کوه [kuh] 산 + خِیلی بُلَند [kheil boland] 매우 높은

→ کوه ِ خِیلی بُلَند [kuh e kheil boland] 매우 높은 산

مادَر [mãdar] 어머니 + آن پِسَر [ãn pesar] 저(그) 소년

→ مادَر ِ آن پِسَر [mãdar e ãn pesar] 저(그) 소년의 어머니

위의 예문에서 보듯이, خِیلی 와 آن 을 수식하는 에저훼는 필요하지 않다.

⑦ 에저훼가 생략된 경우

문법으로 볼 때 반드시 에저훼가 첨가되어야 함에도 불구하고, 혈연관계의 명칭이라든가 이미 복합명사로 정착이 된 어휘는 에저훼가 생략된 형태로 활용한다.

پِدَر [pedar] 아버지 + بُزُرگ [bozorg] 큰 → پِدَر بُزُرگ [pedar bozorg] 할아버지

راه [rãh] 길 + آهَن [ãhan] 철(鐵) → راه آهَن [rãh ãhan] 철도

دُختَر [dokhtar] 딸, 소녀 + خاله [khãle] 이모

→ دُختَر خاله [dokhtar khãle] 이종사촌

ماهی [mãhi] 생선 + سِفید [sefid] 하얀

→ ماهی سِفید [mãhi sefid] 백어(白魚, 생선명칭)

단, ماهی [mãhi] 생선 + سِفید [sefid] 하얀

→ ماهیِ سِفید [mãhi ye sefid] 하얀 물고기

즉, 색이 하얀 생선이라는 의미가 된다.

4

동사 – 과거형

1. 동사의 기본형

동사의 기본형[1] 즉, 사전의 표제어는 دَن ... [...dan] 혹은 تَن ... [...tan]의 형태를 취한다.

رَفتَن [raftan] 가다

بُردَن [bordan] 가지고 가다

خواندَن [khãndan] 읽다

گُذَشتَن [gozashtan] 지나다

شُدَن [shodan] 되다

بَستَن [bastan] 닫다

동사의 기본형이 문장 중 활용되는 경우 동명사로서 주어, 보어, 전치사와 동사의 목적어의 기능을 한다.

1) 원형 혹은 본형으로 불리기도 한다. 이책에서는 기본형으로 통일하여 쓴다.

خواستَن تَوانِستَن است.

[khãstan tavãnestan ast.] 원하는 것은 할 수 있는 것이다.[2]

(خواستَن [khãstan] 원함, 욕구 تَوانِستَن [tavãnestan] 가능함)

کارِ بچه خواندنِ کتاب است.

[kãr e bachche khãndan e ketãb ast.] 아이의 일은 책 읽기이다.

(کار [kãr] 일 بَچّه [bachche] 아이 خواندن [khãndan] 읽기 کتاب [ketãb] 책)

2. 과거어근

이란(페르시아)어의 시제는 동사의 과거어근과 현재어근이 기초가 되어 활용된다. 동사의 기본형에서 마지막 문자인 نَ ... [an] 을 생략하면, 그 동사의 과거어근이 된다. 그러므로 이란 (페르시아)어의 기본 시제는 과거에서 시작된다. 현재어근은 동사의 기본형으로 추출할 수 있는 동사가 있으나, 그 이외의 동사는 반드시 사전을 통해 익혀야 한다.

따라서 이란(페르시아)어의 모든 동사의 과거어근의 어미는 د ... 이나 ت ... 로 끝난다.

동사의 기본형		과거어근
خُوردَن [khordan]	먹다	خورد [khord]
آموختَن [ãmukhtan]	배우다, 가르치다	آموخت [ãmukht]
ماندَن [mãndan]	체류하다, 머물다	ماند [mãnd]
كَردَن [kyardan]	...하다	كرد [kyard]
داشتَن [dãshtan]	가지고 있다	داشت [dãsht]

2) 원하는 것은 할 수 있다는 의미로, 욕구가 있으면 성취할 수 있는 힘이 있다는 의미이다.

3. 과거시제의 인칭어미

과거어근으로 단순과거형, 과거진행형, 과거완료형과 가정법의 과거완료형을 만들 수 있다. 과거형의 인칭어미는 다음과 같다.

	단수	복수
1인칭	مَ - [am]	یم - [im]
2인칭	ی- [i]	ید - [id]
3인칭	[3]--	ندَ - [and]

4. 단순과거형

단순과거형은 과거어근에 각 인칭의 어미를 연결시킨다.

① 긍정형

گُفتَن [goftan] 말하다 : 과거어근 گُفت [goft]

	단수		
1인칭	گُفتَم = مَ- + گُفت	[goft+am=goftam]	나는 말했다
2인칭	گُفتی = ی - + گُفت	[goft+i=gofti]	너는 말했다
3인칭	گُفت = -- + گُفت	[goft+--=goft]	그(그녀)는 말했다

3) 3인칭의 경우에는 어미가 없다. 그러므로 과거 3인칭은 과거어근이 그대로 활용된다.

복수

1인칭	گفتیم = یم - + گفت	[goft+im=goftim]	우리들은 말했다
2인칭	گفتید = ید - + گفت	[goft+id=goftid]	너희들은 말했다
3인칭	گفتند = َند - + گفت	[goft+and=goftand]	그들(그녀들)은 말했다

② 부정형

긍정형의 과거어근 앞에 부정접두사 نَ [na]를 붙이면 부정형이 된다. 부정접두사에 강세가 있다.

단수

1인칭	نَگفتم = گفتم + نَ	[na+goftam=nagoftam]	나는 말하지 않았다
2인칭	نَگفتی = گفتی + نَ	[na+gofti=nagofti]	너는 말하지 않았다
3인칭	نَگفت = گفت + نَ	[na+goft=nagoft]	그(그녀)는 말하지 않았다

복수

1인칭	نَگفتیم = گفتیم + نَ	[na+goftim=nagoftim]	우리들은 말하지 않았다
2인칭	نَگفتید = گفتید + نَ	[na+goftid=nagoftid]	너희들은 말하지 않았다
3인칭	نَگفتَند = گفتَند + نَ	[na+goftand=nagoftand]	그들(그녀들)은 말하지 않았다

5. 복합동사

이란(페르시아)어는 단순동사 이외에, 명사, 형용사, 부사, 전치사 등의 비동사들과 보조하는 동사가 결합하여 복합동사를 만든다.
복합동사의 동사성분인 보조동사는 다음과 같이 타동사(능동태)를 만드는 کَردَن [kyardan] '... 하다'와 자동사(수동태)를 만드는 شُدَن [shodan] '...되다'가 대표적이다.

کار کَردَن	[kãr kyardan]	일하다
اِستِراحَت کَردَن	[esterãhat kyardan]	휴식하다
فِکر کَردَن	[fekr kyardan]	생각하다
زِندِگی کَردَن	[zendegi kyardan]	살다
گِرِفتار شُدَن	[gerefftãr shodan]	잡히다
تاریک شُدَن	[tãrik shodan]	어두워지다
مُتَوَلِد شُدَن	[motavalled shodan]	태어나다
طول کِشیدَن	[tul keshidan]	시간이 걸리다
حَرف زَدَن	[harf zadan]	말하다
يَخ بَستَن	[yakh bastan]	얼다
زَمین خُوردَن	[zamin khordan]	넘어지다
دوست داشتَن	[dust dãshtan]	사랑하다, 좋아하다
پایان یافتَن	[pãyãn yãftan]	끝나다

복합동사의 과거형은 보조동사만 어미변화를 한다. 그러므로 보조동사 앞에 위치한 명사, 형용사, 부사, 전치사 등의 비동사들은 동사성분이 아니기 때문에 변화시키지 않는다.

کار کَردَن [kãr kyardan] 일하다 : 과거어근 کار کَرد [kãr kyard]

	단수	
1인칭	کار کَرد + َم = کار کَردَم	[kãr kyard+am=kãr kyardam]
2인칭	کار کَرد + ی = کار کَردی	[kãr kyard+i=kãr kyardi]
3인칭	کار کَرد + -- = کار کَرد	[kãr kyard+--=kãr kyard]
	복수	
1인칭	کار کَرد + یم = کار کَردیم	[kãr kyard+im=kãr kyardim]
2인칭	کار کَرد + ید = کار کَردید	[kãr kyard+id=kãr kyardid]
3인칭	کار کَرد + َند = کار کَردَند	[kãr kyard+and=kãr kyardand]

5

동사 – 현재형

1. 현재어근

동사의 현재어근은 일반적으로 사전을 통해 익혀야 하지만 일부 동사는 규칙[1)]에 따라 어근을 추출할 수 있다.

동사의 기본형			현재어근	
آمَدَن	[ãmadan]	오다	آ	[ã]
اُفتادَن	[oftãdan]	떨어지다	اُفت	[oft]
گِرِفتَن	[gereftan]	얻다, 취하다	گیر	[gir]
داشتَن	[dãshtan]	가지고 있다	دار	[dãr]
رَفتَن	[raftan]	가다	رَو	[rav]
فُروختَن	[forukhtan]	팔다	فُروش	[forush]
دادَن	[dãdan]	주다	دَه	[dah/deh]

1) 규칙은 다음과 같다. 1) دَن ... [dan]으로 끝나는 동사, 2) يدن ... [idan]으로 끝나는 동사, 3) ادن ... [ãdan]으로 끝나는 동사, 이 부분만을 생략하면 현재어근이 된다. 4) ختَن ... [khtan]으로 끝나는 동사일 경우 이 부분을 생략하고 대신 ز 를 연결하면 현재어근이 된다. 5) ودن ... [udan]으로 끝나는 동사일 경우 이 부분을 생략하고 대신 ا 와 연결하면 현재어근이 된다.

كَردَن	[kyardan]	...하다	كُن	[kon]
گُفتَن	[goftan]	말하다	گو	[gu]

2. 현재형의 인칭어미

현재어근으로는 단순현재형, 명령형, 가정법의 현재형을 만들 수 있다. 현재형의 인칭어미는 다음과 같다.

	단수		복수	
1인칭	...َم	[am]	...يم	[im]
2인칭	...ى	[i]	...يد	[id]
3인칭	...َد	[ad]	...َند	[and]

3. 단순현재형

이란(페르시아)어의 단순현재형은 현재진행형과 동일하다. 그리고 가까운 미래로 해석할 수 있다.
단순현재형은 진행접두사 می [mi]를 어두에 연결하고, 현재어근에 인칭에 따른 어미를 연결하면 된다.

현재형 = 진행접두사 می [mi] + 현재어근 + 인칭어미

① 긍정형

رَفتَن [raftan] 가다 : 현재어근 رَو [rav]

	단수	
1인칭	می + رَو + َم = می رَوَم	[mi+rav+am=miravam]
2인칭	می + رَو + ی = می رَوی	[mi+rav +i=miravi]
3인칭	می + رَو + َد = می رَوَد	[mi+rav+ad=miravad]
	복수	
1인칭	می + رَو + یم = می رَویم	[mi+rav+im=miravim]
2인칭	می + رَو + ید = می رَوید	[mi+rav+id=miravid]
3인칭	می + رَو + َند = می رَوَند	[mi+rav+and=miravand]

진행접두사 می 는 현재어근과 분리하여 쓰는 것이 일반적이지만, میروم ، میروی ، میرود، میرویم ، میروید ، میروند 로 연결해서 써도 된다.

② 부정형

진행접두사 앞에 부정접두사 نَ [na]를 붙이면 부정형이 된다. 그러나 부정접두사의 본래 발음인 [na]는 진행접두사와 결합할 때, [ne+mi]로 발음이 변한다.

	단수	
1인칭	ن + می رَوَم = نِمی رَوَم	[ne+miravam=nemiravam]
2인칭	ن + می رَوی = نِمی روی	[ne+miravi=nemiravi]
3인칭	ن + می رَوَد = نِمی رَوَد	[ne+miravad=nemiravad]
	복수	
1인칭	ن + می رَویم = نِمی رَویم	[ne+miravim=nemiravim]
2인칭	ن + می رَوید = نِمی رَوید	[ne+miravid=nemiravid]
3인칭	ن + می رَوَند = نِمی رَوَند	[ne+miravand=nemiravand]

4. 모음으로 시작하는 현재어근

① [a], [ã], [o]로 시작하는 어근

진행접두사 می [mi]와 현재어근 사이에 [y]을 넣어 발음한다. 문법적인 요소를 우선으로 하는 경우는, 어두 문자인 اَلِف 를 생략하고 표기하기도 한다.

اَنداختَن [andãkhtan] 던지다 : 현재어근 اَنداز [andãz]

	단수	
1인칭	می اَندازَم	[mi+y+andãzam=miyandãzam]
2인칭	می اَندازی	[mi+y+andãzi=miyandãzi]
3인칭	می اَندازَد	[mi+y+andãzad=miyandãzad]
	복수	
1인칭	می اَندازیم	[mi+y+andãzim=miyandãzim]
2인칭	می اَندازید	[mi+y+andãzid=miyandãzid]
3인칭	می اَندازَند	[mi+y+andãzand=miyandãzand]

آمَدَن [ãmadan] 오다 : 현재어근 آ [ã]

	단수	
1인칭	می آیَم	[mi+y+ãyam=miyãyam]
2인칭	می آیی	[mi+y+ãyi=miyãyi]
3인칭	می آیَد	[mi+y+ãyad=miyãyad]

복수

1인칭	می آییم	[mi+y+ãyim=miyãyim]
2인칭	می آیید	[mi+y+ãyid=miyãyid]
3인칭	می آیَند	[mi+y+ãyand=miyãyand]

اُفتادَن [oftãdan] 떨어지다, 빠지다 : 현재어근 اُفت [oft]

	단수	
1인칭	می اُفتَم	[mi+y+oftam=miyoftam]
2인칭	می اُفتی	[mi+y+ofti=miyofti]
3인칭	می اُفتَد	[mi+y+oftad=miyoftad]
	복수	
1인칭	می اُفتیم	[mi+y+oftim=miyoftim]
2인칭	می اُفتید	[mi+y+oftid=miyoftid]
3인칭	می اُفتَند	[mi+y+oftand=miyoftand]

② [ã]와 [u]로 끝나는 어근

현재어근의 어미가 [ã]와 [u]로 끝나는 경우, 인칭어미와 현재어근 사이에 자음기능을 하는 ی [y]를 첨가시킨다. 이러한 경우 인칭어미를 정리하면 아래와 같다.

	단수	복수[2]
1인칭	يَم - [yam]	ییم - [yim]
2인칭	یی - [yi]	یید - [yid]
3인칭	يَد - [yad]	يَند - [yand]

2) یی - ، ییم - ، یید -는 ئی - ، ئیم - ، ئید -로 표기하기도 한다.

آمَدَن [ãmadan] 오다 : 현재어근 آ [ã]

	단수	
1인칭	می آیَم	[mi+y+ãyam=miyãyam]
2인칭	می آیی	[mi+y+ãyi=miyãyi]
3인칭	می آیَد	[mi+y+ãyad=miyãyad]
	복수	
1인칭	می آییم	[mi+y+ãyim=miyãyim]
2인칭	می آیید	[mi+y+ãyid=miyãyid]
3인칭	می آیَند	[mi+y+ãyand=miyãyand]

گُفتَن [goftan] 말하다 : 현재어근 گو [gu]

	단수	
1인칭	می + گو + یَم = می گویَم	[mi+gu+yam=miguyam]
2인칭	می + گو + یی = می گویی	[mi+gu+yi=miguyi]
3인칭	می + گو + یَد = می گویَد	[mi+gu+yad=miguyad]
	복수	
1인칭	می + گو +ییم = می گوییم	[mi+gu+yim=miguyim]
2인칭	می + گو + یید = می گویید	[mi+gu+yid=miguyid]
3인칭	می + گو + یَند = می گویَند	[mi+gu+yand=miguyand]

5. 예외적인 동사

① داشتن [dãshtan] 가지고 있다 : 현재어근 دار [dãr]
예외적으로 진행접두사 مى [mi]를 생략한다.

	단수	복수
1인칭	دارَم [dãram]	داريم [dãrim]
2인칭	دارى [dãri]	داريد [dãrid]
3인칭	دارَد [dãrad]	دارَند [dãrand]

부정형은 일반동사와 마찬가지로 현재형에 부정접두사 ن [na]를 붙이면 된다.

	단수	
1인칭	ن + دارَم = نَدارَم	[na+dãram=nadãram]
2인칭	ن + دار = نَدارى	[na+dãri=nadãri]
3인칭	ن + دارَد = نَدارَد	[na+dãrad=nadãrad]
	복수	
1인칭	ن + داريم = نَداريم	[na+dãrim=nadãrim]
2인칭	ن + داريد = نَداريد	[na+dãrid=nadãrid]
3인칭	ن + دارَند = نَدارَند	[na+dãrand=nadãrand]

② بودن [budan] ...이다, ...있다 : 현재어근 باش [bash]

이 동사는 현재형이 3가지 형태로 활용된다.

i 현재어근으로 활용되는 형태[3)]

	단수	
1인칭	می + باش + َم = می باشَم	[mi+bash+am=mibãsham]
2인칭	می + باش + ی = می باشی	[mi+bash+i=mibãshi]
3인칭	می + باش + َد = می باشَد	[mi+bash+ad=mibãshad]
	복수	
1인칭	می + باش + یم = می باشیم	[mi+bash+im=mibãshim]
2인칭	می + باش + ید = می باشید	[mi+bash+id=mibãshid]
3인칭	می + باش + َند = می باشَند	[mi+bash+and=mibãshand]

이 형태는 강한 의미를 전달하거나 공식적인 문어체로 표현할 때 주로 사용한다.

ii اَلِف 를 어두로 활용되는 형태[4)]

	단수	복수
1인칭	اَم [am]	ایم [im]
2인칭	ای [i]	اید [id]
3인칭	اَست [ast]	اَند [and]

3) 편의상 '제1형'이라고 한다.

4) 이 동사의 기본형인 اَستَن [astan]에서 유래한 동사 형태로, اَستَم، اَستی، اَست، اَستیم، اَستید، اَستَند로 변형되었으나, اَست를 제외하고, 축소되어 현재의 형태로 남아 있다. 편의상 '제2형'이라고 한다.

اَست 를 제외하고 다른 것은 전부 접미사처럼 앞에 오는 형용사 혹은 명사, 대명사와 결합되어, ا 를 생략하고, 발음만 남는다.

مَن خِیلی خُوشحال اَم = مَن خِیلی خُوشحالَم.

[man kheili khoshhãlam.] 나는 매우 기쁘다.

تُو گِرفتار ای = تُو گِرفتاری.

[to gereftãri.] 너는 바쁘다.

آنها مَشهور اَند = آنها مَشهورَند.

[ãnhã mashhurand.] 그들은 유명하다.

آن کِتاب اَست.

[ãn ketãb ast.] 그것은 책이다.

ما مُعَلِم ایم = ما مُعَلِمیم.

[mã mo'allemim.] 우리들은 선생님입니다.

شُما ناراحَت اید = شُما ناراحَتید.

[shomã nãrãhatid.] 당신은 불편합니다.[5]

묵음의 ه [e]로 끝나는 어휘가 올 때는 연결하여 발음할 수 없다. 모음 발음 - [e], [a]가 겹치기 때문에 반드시 본래의 형태로 쓴다.

گُرُسنه ام.

[gorosne am.] (나는) 배고프다.

تُو بَچّه ای.

[to bachche i.] 너는 어린아이이다.

5) '당신은 불쾌합니다'라는 의미도 된다.

ما خَسته ایم.

[mã khaste im.] 우리들은 피곤하다.

تِشنه اید.

[teshne id.] (당신은) 목마르다.

اَست 앞에 오는 단어의 어미가 [ã] 혹은 [u]가 오는 경우는, ا 는 생략하고 ست ... 를 앞 단어와 연결시킨다.

او کُجا اَست؟ = او کُجاست؟

[u kojã ast? = u kojãst?] 그(그녀)는 어디있어요?

این مال ِ او اَست = این مال ِ اوست.

[in mãl e u ast = in mãl e ust.] 이것은 그(그녀)의 것이다.

iii ِه 를 어두로 활용되는 형태[6]

	단수	복수
1인칭	هَستَم [hastam]	هَستیم [hastim]
2인칭	هَستی [hasti]	هَستید [hastid]
3인칭	هَست [hast]	هَستَند [hastand]

이 형태는 ii 형보다 의미가 강하게 전달된다. 예를 들면,

مُتأسِفیم [mota'assefim] < هَستیم مُتأسِف [mota'assef hastim.] (우리) 유감스럽다.
مُعَلِمَم [mo'allemam] < هَستَم مُعَلِم [mo'allem hastam.] (나는) 선생이다.

6) 편의상 '제 3형'이라고 한다.

후자가 전자보다 강한 의미를 나타낸다.
i 의 부정형은 일반동사의 부정형과 같이 어두에 부정접두사 نَ [na]와 연결시킨다. 진행접두사와 연결되기 때문에 일반동사들과 같이 발음은 [ne mi]가 된다.[7] 그러나 ii 형과 iii 형의 부정형은 한 가지 형태로 다음과 같다.

	단수	복수
1인칭	نیستَم [nistam]	نیستیم [nistim]
2인칭	نیستی [nisti]	نیستید [nistid]
3인칭	نیست [nist]	نیستَند [nistand]

7) نِمی باشَم ، نِمی باشی ، نِمی باشَد ، نِمی باشیم ، نِمی باشید ، نِمی باشَند

6. 복합동사

복합동사는 과거형과 같이 보조동사만 현재형의 인칭 어미변화를 하여 현재형을 만든다.

کار کَردَن [kār kyardan] 일하다 : 현재어근 کار کُن [kār kon]

	단수	
1인칭	کار می + کُن + َم = کار می کُنَم	[kār mi+kon+am=kār mikonam]
2인칭	کار می + کُن + ی = کار می کُنی	[kār mi+kon+i=kār mikoni]
3인칭	کار می + کُن + َد = کار می کُنَد	[kār mi+kon+ad=kār mikonad]
	복수	
1인칭	کار می + کُن + یم = کار می کُنیم	[kār mi+kon+im=kār mikonim]
2인칭	کار می + کُن + ید = کار می کُنید	[kār mi+kon+id=kār mikonid]
3인칭	کار می + کُن + َند = کار می کُنَند	[kār mi+kon+and=kār mikonand]

복합동사의 부정형은 긍정형과 마찬가지로, 진행접두사 می [mi] 앞에 부정접두사 ن [na] 를 붙이고, 발음은 [ne mi]가 된다.

7. 현재분사

동사의 현재어근에 ان ... [ãn]을 붙이면, 현재분사가 된다. 그러나 모든 동사에 적용되지는 않는다.

기본형		현재어근	현재분사
پُرسیدَن [porsidan]	묻다	پُرس [pors]	پُرسان [porsãn]
خَندیدَن [khandidan]	웃다	خَند [khand]	خَندان [khandãn]
دَویدَن [davidan]	뛰다	دَو [dav]	دَوان [davãn]

① 용법

i '...하면서'의 의미를 표현할 때 사용하며, 반복하여 사용하는 경우가 많다.

دُختَر گِریه کُنان آمَد.

[dokhtar gerye konãn ãmad.] 소녀는 울면서 왔다.

دَوان دَوان آمَد.

[davãn davãn ãmad.] (그녀는) 뛰면서 왔다.

او لَبخَند زَنان دَر را باز کَرد.

[u labkhand zanãn dar rã bãz kyard.] 그는 웃으면서 문을 열었다.

اُفتان وَ خیزان به خانه رِسید.

[oftãn va khizãn be khãne resid.] (그는) 넘어지기도 하고 일어서기도 하면서 집에 도착했다.

ii 형용사 기능

پِسَرها خَندان بودَند.

[pesarhã khandãn budand.] 소년들은 웃고 있었다.

سِتارِگانِ دِرَخشان

[setãregãn e derakhshãn] 빛나는 별들

بادِ سوزان [8]

[bãd e suzãn] 매서운 바람

صورَتِ خَندان

[surat e khandãn] 웃는 얼굴

8) 직역을 하면, '쑤실 듯 아픈' 이 된다.

6

동사 - 과거진행형

과거진행형은 과거형 앞에 진행 접두사 مى [mi]를 첨가하여 만든다. 부정형은 접두사 앞에 부정접두사 نَ 를 첨가하여, نمى [nemi]로 발음한다. 진행 접두사는 과거어근과 이어 쓰기도 한다.

1. 과거진행형

كِشيدَن [keshidan] 그리다, 당기다, 뽑다 : 과거어근 كِشيد [keshid]

	단수	복수
1인칭	مى كِشيدَم [mi keshidam]	مى كِشيديم [mi keshidim]
2인칭	مى كِشيدى [mi keshidi]	مى كِشيديد [mi keshidid]
3인칭	مى كِشيد [mi keshid]	مى كِشيدَند [mi keshidand]

부정형

	단수	복수
1인칭	نِمی کِشیدَم [nemi keshidam]	نِمی کِشیدیم [nemi keshidim]
2인칭	نِمی کِشیدی [nemi keshidi]	نِمی کِشیدید [nemi keshidid]
3인칭	نِمی کِشید [nemi keshid]	نِمی کِشیدَند [nemi keshidand]

حَرف زَدَن [harf zadan] 말하다 : 과거어근 حَرف زَد [harf zad]

	단수	복수
1인칭	حَرف می زَدَم [harf mizadam]	حَرف می زَدیم [harf mizadim]
2인칭	حَرف می زَدی [harf mizadi]	حَرف می زَدید [harf mizadid]
3인칭	حَرف می زَد [harf mizad]	حَرف می زَدَند [harf mizadand]

부정형

	단수	복수
1인칭	حَرف نِمی زَدَم [harf nemizadam]	حَرف نِمی زَدیم [harf nemizadim]
2인칭	حَرف نِمی زَدی [harf nemizadi]	حَرف نِمی زَدید [harf nemizadid]
3인칭	حَرف نِمی زَد [harf nemizad]	حَرف نِمی زَدَند [harf nemizadand]

2. 과거진행형의 용법

과거진행형은 과거에 있었던 행위, 습관, 반복적인 행동, 진행 중인 동작이나 상태나 상황을 의미할 때 활용한다.

عَلی به فارسی نامه می نِوِشت.

['alli be fãrsi nãme mi nevesht.] 알리는 이란(페르시아)어로 편지를 쓰고 있었다. (진행)

او هَر روز با تاکسی به اِداره می رَفت.

[u har ruz bã tãksi be edãre miraft.] 그는 매일 택시를 타고 사무실에 가곤 했었다. (반복)

سارا کوچِک بود وَ هَنوز به مَدرسه نِمی رَفت.

[sãrã kuchek bud va hanuz be madrese nemiraft.] 싸라는 어렸기 때문에 아직 학교에 다니고 있지 않았다. (상황)

به ایستگاه می رَفتیم.

[be istgãh miraftim.] (우리는) 역으로 가고 있는 중이었다. (진행)

آنها آنوَقت دَر حَیاط بازی می کَردَند.

[ãnhã ãnvaqt dar hayãt bãzi mikardand.] 그들은 그 때 마당에서 놀고 있는 중이었다. (진행)

هَوا کَم کَم رُوشَن[1] می شُد.

[havã kyamkyam roushan mishod.] 날씨는 점점 밝아지고 있었다. (진행 상태)

1) [ou] 발음인 경우이지만, [o]와 동일하게 표기한다.

7

동사 – 완료형

이란(페르시아)어의 완료형은 현재완료와 과거완료가 있다. 앞서 설명한대로 이란어의 기본 시제는 과거이다. 그러므로 과거완료형부터 설명한다.

1. 과거완료

과거완료형은 과거분사와 بودَن [budan] 동사의 과거형을 결합하면 된다. 우선 과거분사를 설명하면 다음과 같다.

① 과거분사

과거분사는 동사의 과거어근에 ه [e]를 붙이면 과거분사가 된다. 형용사 혹은 명사의 기능을 한다.

동사의 기본형	과거어근		과거분사
رِسیدن [re/a/sidan] 도착하다	رِسید [re/a/sid]	→	رِسیده [re/a/side]
نِوشتَن [neveshtan] 쓰다	نِوشت [nevesht]	→	نِوشته [neveshte]
رَفتَن [raftan] 가다	رَفت [raft]	→	رَفته [rafte]

명사, 형용사, 전치사 등과 결합한 복합동사일 경우, 보조동사의 과거어근에 ه [e]를 붙이면 된다. 즉, 동사가 아닌 경우는 과거분사를 만들수 없다.

기본형	과거어근	과거분사
یاد گِرفتَن [yãd gereftan] 배우다	یاد گِرِفت [yãd gereft]	→ یاد گِرِفته [yãd gerefte]
بَر گَشتَن [bar gashtan] 돌아오다	بَر گَشت [bar gasht]	→ بَرگَشته [bar gashte]
دَر آمَدَن [dar ãmadan] 나오다	دَر آمَد [dar ãmad]	→ دَر آمَده [dar ãmade]

② 과거완료

과거완료 = 과거분사 + 인칭에 따른 بودَن 의 과거형

رَفتَن [raftan] 가다 : 과거어근 رَفت [raft] : 과거분사 رَفته [rafte]

	단수	복수
1인칭	رَفته بودَم [rafte budam]	رَفته بوديم [rafte budim]
2인칭	رَفته بودی [rafte budi]	رَفته بودید [rafte budid]
3인칭	رَفته بود [rafte bud]	رَفته بودَند [rafte budand]

부정형은 과거분사의 어두에 부정접두사 نه [na]에서 어미 ه 를 생략한 نَ ... [na]를 붙이면 된다. 단, 부정접두사는 강세를 가지고 있다.

부정형

	단수	복수
1인칭	نَرَفته بودم [narafte budam]	نَرَفته بوديم [narafte budim]
2인칭	نَرفته بودی [narafte budi]	نَرَفته بودید [narafte budid]
3인칭	نَرَفته بود [narafte bud]	نَرَفته بودَند [narafte budand]

복합동사는 다음과 같다.

بَر گشتَن [bar gyashtan] 돌아가다 : 과거분사 بَر گشته [bar gyashte]

	단수	복수
1인칭	بَر گشته بودَم [bar gyashte budam]	بَر گشته بوديم [bar gyashte budim]
2인칭	بَر گشته بودى [bar gyashte budi]	بَر گشته بوديد [bar gyashte budid]
3인칭	بَر گشته بود [bar gyashte bud]	بَر گشته بودَند [bar gyashte budand]

복합동사의 과거완료의 부정형은 보조동사의 과거분사에 부정접두사 نَ... [na] 를 어두에 붙이면 된다. 위에서 설명한대로 강세를 가지고 있다.

	단수	복수
1인칭	بَر نَگشته بودَم [bar nagyashte budam]	بَر نَگشته بوديم [bar nagyashte budim]
2인칭	بَر نَگشته بودى [bar nagyashte budi]	بَر نَگشته بوديد [bar nagyashte budid]
3인칭	بَر نَگشته بود [bar nagyashte bud]	بَر نَگشته بودَند [bar nagyashte budand]

2. 과거완료형의 용법

과거완료형은 과거의 어느 시점에 있어, 일어났던 일을 기술하거나 단순히 과거에 완전히 종료된 일 혹은 조건문 등을 의미할 때 활용한다.

مَن آن وَقت بیدار شُده بودَم.

[man ãn vaqt bidãr shode budam.] 나는 그때 깨어 있었다. (상태)

خُورشید غُروب کَرده بود.

[khorshid ghorub kyarde bud.] 태양은 저물었었다. (기술)

اَز آنچه کَرده بود پَشیمان کَرد.

[az ãnche kyarde bud pashimãn kyard.] (그는) 했던 일 때문에 후회했다. (기술)

او زیرِ دِرَخت نِشَسته بود.

[u zir e derakht neshaste bud.] 그(그녀)는 나무아래 앉아 있었다. (상황 기술)

شُما هَم دیده بودید.

[shomã ham dide budid.] 당신도 보았습니다. (완료)

اَگر می دانِستَم گُفته بودَم.

[agyar midãnestam gofte budam.] 만일 (내가) 알고 있었더라면 말했을텐데. (조건문)

کاشکی این را نَدیده بودَم.

[kãshki in rã nadide budam.] 이것을 (내가) 보지 않았더라면 좋았을텐데. (조건문)

3. 과거분사의 용법

1) 명사로 활용

کَرده ی آنها

[kyarde ye ãnhã] 그(그녀)들이 한 일(것)

گُفته های اُستاد

[goftehã ye ostãd] 교수가 한 말들

دَر گُذَشته

[dar gozashte] 과거에

نِوِشته های اَبو عَلی سینا

[neveshtehã ye abu ʻalli sinã] 아부알리씨너가 쓴 저서들

2) 형용사로 활용

سال ِ گُذَشته

[sãl e gozashte] 지난해

پَنجِره ی شِکَسته

[panjere ye shekyaste] 깨진 창

گُذَشته ها گُذَشته اَست.

[gozashtehã gozashte ast.] 과거들은 지난 것이다.[1]

تُخم ِ مُرغ ِ رَنگ کَرده

[tokhm e morgh e rang kyarde] 색을 칠한 달걀

---

1) '과거는 과거다'. 주어 گذشته 는 명사이고, 술부동사의 گذشته 는 형용사이다.

3) 접속사(....하고)로 활용

문장 내에서 과거분사에 이어 본동사가 이어지는 경우, 과거분사는 동작의 계속, '...하고'를 의미한다.

خُدا حافِظی نَکَرده رَفت.

[khodãhãfezi nakarde raft.] (그, 그녀) 작별인사를 하지 않고 갔다.

مَریَم به شَهر رَفته سینِما دید.

[maryam be shahr rafte sinemã did.] 마르얌은 시내로 가서 영화를 보았다.

حَسَن این خَبَر شِنیده خُوشحال شُد.

[hasan in khabar shenide khoshhãl shod.] 하산은 이 소식을 듣고 기뻐했다.

مینا جِلُوی مَن آمَده گُفت : ((سَلام.))[2]

[minã jello ye man ãmade goft : "salãm"] 미나가 내 앞으로 와서 말했다 : "안녕."

2) 이란(페르시아)어의 인용부호는 이중가로로 표시한다.

4. 현재완료

현재완료형은 과거분사와 بودَن [budan] 동사의 현재형 제2형을 인칭대로 결합시키면 된다. 과거분사와 بودن [budan] 동사의 제2형은 표기할 때, 반드시 분리해서 써야 한다.

현재완료 = 과거분사 + بودَن 동사의 제2형 현재형의 인칭어미

رَفتن [raftan] 가다 : 과거분사 رَفته [rafte]

	단수	복수
1인칭	رَفته اَم [rafte am]	رَفته ايم [rafte im]
2인칭	رَفته اى [rafte i]	رَفته ايد [rafte id]
3인칭	رَفته اَست [rafte ast]	رَفته اَند [rafte and]

부정형은 과거완료형과 동일하게 과거분사의 어두에 부정접두사를 붙인다.

	단수	복수
1인칭	نَرَفته اَم [narafte am]	نَرَفته ايم [narafte im]
2인칭	نَرَفته اى [narafte i]	نَرَفته ايد [narafte id]
3인칭	نَرَفته اَست [narafte ast]	نَرَفته اَند [narafte and]

복합동사는 앞서 설명한대로 과거완료형의 경우와 동일하게 보조동사만을 과거분사로 만들어 활용한다.

	복수	
1인칭	بَر گشته اَم [bar gyashte am]	بَر گشته ایم [bar gyashte im]
2인칭	بَر گشته ای [bar gyashte i]	بَر گشته اید [bar gyashte id]
3인칭	بَر گشته اَست [bar gyashte ast]	بَر گشته اَند [bar gyashte and]

복합동사의 부정형도 과거분사의 어두에 부정접두사를 붙이면 된다.

	단수	복수
1인칭	بَر نَگشته اَم [bar nagyashte am]	بَر نَگشته ایم [bar nagyashte im]
2인칭	بَر نَگشته ای [bar nagyashte i]	بَر نَگشته اید [bar nagyashte id]
3인칭	بَر نَگشته اَست [bar nagyashte ast]	بَر نَگشته اَند [bar nagyashte and]

5. 현재완료형의 용법

현재완료형은 현재를 기점으로 어떤 동작이나 상태가 완전히 끝난 경우와 과거에 시작된 동작이나 상태가 현재에도 계속되는 상황을 기술하는 경우, 경험·역사적 사실 등 현재에도 변하지 않은 사실을 의미하는 경우 활용된다.

مَن تِهران را دیده ام.

[man tehrãn rã dide am.] 나는 테헤란을 본 적이 있다.

بَرف زَمین را پوشیده اَست.

[barf zamin rã pushide ast.] 눈이 지면을 덮었다.

او هَنوز بَر نَگشته اَست.

[u hanuz bar nagyashte ast.] 그는 아직 돌아오지 않고 있다.

حالا نُوبَتِ تُو رِسیده اَست.

[hãlã noubat e to reside ast.] 이제 네 차례가 되었다.

به شیراز رَفته اید؟

[be shiraz rafte id?] (당신은) 쉬러즈에 갔던 적이 있습니까?

کِتابِ مَن گُم شُده اَست.

[ketãb e man gom shode ast.] 내 책이 없어졌다.

اِبنِ سینا[3] اَغلَبِ کِتابها را به زَبانِ عَرَبی نِوِشته اَست.

[ebn e sinã aghlab e ketãbhã rã be zabãn e ʻarabi neveshte ast.] 이븐 씨너는 대부분의 책들을 아랍어로 썼다.

فِردُوسی[4] گُفته اَست...

[ferdosi gofte ast .... .] 훼르도씨는 ..... 말했다.

---

3) 이란(페르시아)의 유명한 의학자겸 학자. اَبو عَلی سینا 라고도 불린다.

4) 이란의 위대한 시인으로 일명 민족의 대서사시인으로 불리며, 대표작은 ‘왕서’이다.

8

동사 - 수동형, 사역형

1. 수동형

이란(페르시아)어의 수동형은 타동사의 과거분사에 شدن [shodan] '... 되다'를 결합하여 활용한다.

دیدن [didan] 보다, 만나다 : 과거분사 دیده [dide]

: دیده شدن [dide shodan] 보이다(수동형)

1) 과거형

	단수	복수
1인칭	دیده شدم [dide shodam]	دیده شدیم [dide shodim]
2인칭	دیده شدی [dide shodi]	دیده شدید [dide shodid]
3인칭	دیده شد [dide shod]	دیده شدند [dide shodand]

부정형

	단수	복수
1인칭	دیده نشدم [dide nashodam]	دیده نشدیم [dide nashodim]
2인칭	دیده نشدی [dide nashodi]	دیده نشدید [dide nashodid]
3인칭	دیده نشد [dide nashod]	دیده نشدند [dide nashodand]

2) 현재형

	단수	복수
1인칭	دیده می شوم [dide mishavam]	دیده می شویم [dide mishavim]
2인칭	دیده می شوی [dide mishavi]	دیده می شوید [dide mishavid]
3인칭	دیده می شود [dide mishavad]	دیده می شوند [dide mishavand]

부정형

	단수	복수
1인칭	دیده نمی شوم [dide nemishavam]	دیده نمی شویم [dide nemishavim]
2인칭	دیده نمی شوی [dide nemishavi]	دیده نمی شوید [dide nemishavid]
3인칭	دیده نمی شود [dide nemishavad]	دیده نمی شوند [dide nemishavand]

3) 현재완료형

	단수	복수
1인칭	دیده شده ام [dide shode am]	دیده شده ایم [dide shode im]
2인칭	دیده شده ای [dide shode i]	دیده شده اید [dide shode id]
3인칭	دیده شده است [dide shode ast]	دیده شده اند [dide shode and]

부정형

	단수	복수
1인칭	دیده نشده ام [dide nashode am]	دیده نشده ایم [dide nashode im]
2인칭	دیده نشده ای [dide nashode i]	دیده نشده اید [dide nashode id]
3인칭	دیده نشده است [dide nashode ast]	دیده نشده اند [dide nashode ast]

4) 과거완료형

	단수	복수
1인칭	دیده شده بودم [dide shode budam]	دیده شده بودیم [dide shode budim]
2인칭	دیده شده بودی [dide shode budi]	دیده شده بودید [dide shode budid]
3인칭	دیده شده بود [dide shode bud]	دیده شده بودند [dide shode budand]

5) 가정형 현재형

	단수	복수
1인칭	دیده بشوم [dide beshavam]	دیده بشویم [dide beshavim]
2인칭	دیده بشوی [dide beshavi]	دیده بشوید [dide beshavid]
3인칭	دیده بشود [dide beshavad]	دیده بشوند [dide beshavand]

단, 가정형 접두사 ب... [be...]는 생략하기도 한다.

부정형

	단수	복수
1인칭	دیده نشوم [dide nashavam]	دیده نشویم [dide nashavim]
2인칭	دیده نشوی [dide nashavi]	دیده نشوید [dide nashavid]
3인칭	دیده نشود [dide nashavad]	دیده نشوند [dide nashavand]

6) 가정형 완료형

	단수	복수
1인칭	دیده شده باشم [dide shode bãsham]	دیده شده باشیم [dide shode bãshim]
2인칭	دیده شده باشی [dide shode bãshi]	دیده شده باشید [dide shode bãshid]
3인칭	دیده شده باشد [dide shode bãshad]	دیده شده باشند [dide shode bãshand]

2. 수동형의 용법

1) 이란(페르시아)어의 수동형은 동작의 주체가 분명하지 않은 경우 활용한다.

کیف من دزدیده شد.

[kif e man dozdide shod.] 나의 가방을 도난 당했다.[1)]

دریاچه ی نمک دیده شد.

[daryãche ye namak dide shod.] 소금호수가 보였다.

صدایی از پشت کوه شنیده شد.

[sedãyi az posht e kuh shenide shod.] 산 뒤에서 어떤 소리가 들렸다.

این نامه باید با پست هوایی فرستاده شود.

[in nãme bãyad bã post e havãyi ferestãde shaved.] 이 편지는 반드시 항공우편으로 보내져야 한다.

در آن میدان مجسمه ی فردوسی گذاشته شده است.

[dar ãn meidãn mojasame ye ferdosi gozãshte shode ast.] 저 광장에는 훼르도씨의 조각이 놓여 있다.

---

1) من کیفم دزدیده شد [man kifam dozdide shod] (=나는 (내) 가방을 도둑 맞았다)로 쓰기도 한다.

2) 동작의 주체가 분명한 경우 수동의 의미를, ... به دست [be dast e...] '...에 의해, ...의 손으로', ... (به) توسط [(be) tavassot e...], ... از طرف [az taraf e...] '...에 의해, ...의 측으로부터'로 표현할 수 있다.

خانه به دست بنا ساخته می شود.

[khãne be dast e bannã sãkhte mishavad.] 집은 건설공에 의해 세워진다.

کتابها توسط فرهاد از روی میز برداشته شد.

[ketãbhã tavassot e farhãd az ruye miz bardãshte shod.] 책들은 화르허드에 의해 책상 위에서 집어졌다.[2]

این بسته از طرف شرکت آلمانی فرستاده شد.

[in baste az taraf e sherkat e ãlmãni ferestãde shod.] 이 소포는 독일계 회사로부터 보내왔다.

هر روز صبح، نسرین توسط مادر خود از خواب بیدار می شود.

[har ruz sobh, nasrin tavassot e mãdar e khod az khãb bidãr mishavad.] 매일 아침 나쓰린은 어머니에 의해 잠에서 일어나게 된다.[3]

2) 수동을 표현하기 위한 직역임. '책상 위에 있는 책들을 화르허드는 들었다'

3) 수동을 표현하기 위한 직역임. '매일 아침 나쓰린은 엄마가 깨워준다.'

3. 사역형

일반동사의 현재어근에 انیدن ... [...ãnidan], اندن ... [...ãndan] '…하게 하다', '...시키다'를 붙여서 만든다. 그러나 모든 동사를 사역형으로 만들 수 있는 것은 아니다.

پریدن [pardan]	날다	→ پرانیدن [parãnidan]
		پراندن [parãndan]
پوشیدن [pushidan]	입다	→ پوشانیدن [pushãnidan]
		پوشاندن [pushãndan]
ترسیدن [tarsidan]	두려워하다	→ ترسانیدن [tarsãnidan]
		ترساندن [tarsãndan]
خندیدن [khandidan]	웃다	→ خندانیدن [khandãnidan]
		خنداندن [khandãndan]
خوابیدن [khãbidan]	자다	→ خوابانیدن [khãbãnidan]
		خواباندن [khãbãndan]
خوردن [khordan]	먹다	→ خورانیدن [khorãnidan]
		خوراندن [khorãndan]
دویدن [davidan]	뛰다	→ دوانیدن [davãnidan]
		دواندن [davãndan]
رسیدن [ra/e/sidan]	도착하다	→ رسانیدن [ra/e/sãnidan]
		رساندن [ra/e/sãndan]
شناختن [shenãkhtan]	인지하다	→ شناسانیدن [shenãsãnidan]
		شناساندن [shenãsãndan]

فهمیدن [fahmidan]	이해하다	→ فهمانیدن [fahmãnidan]
		فهماندن [fahmãndan]
نشستن [neshastan]	앉다[4]	→ نشانیدن [neshãnidan]
		نشاندن [neshãndan]

نگران نباش، تو را به خانه ات می رسانیم.

[negyarãn nabãsh, to rã be khãneat mirasãnim.] 걱정마라, (우리들이) 너를 너의 집에 데려다 줄게.

مادر بچه را ساعت نه خواباند.

[mãdar bachche rã sã'at e noh khãbãnd.] 어머니는 아이를 9시에 재웠다.

معلم شاگرد را سر جا می نشاند.

[mo'alem shãgerd rã sar e jã mineshãnad.] 선생님은 학생을 제 자리에 앉게 한다.

4) 이 동사의 현재어근은 نشین [neshin]으로 예외적인 변형이다.

9

동사 – 명령형

1. 명령형

명령형은 동사의 현재어근의 어두에 접두사 ... بِ [be]를 붙인다. 명령은 상대방을 향한 형태이므로 단수와 복수, 두 가지 형이 활용된다. 명령형 단수는 어미가 없고, 가까운 사이거나 비칭일 경우 활용한다. 반면에 명령형 복수는 현재형의 2인칭 복수어미인 يد... [... id]를 붙인다. 복수형은 존칭을 나타낼 때 활용된다. 부정형은 접두사 بِ [be]를 빼고, 그 자리에 부정접두사 نَ [na]를 넣으면 된다.

명령형 = 현재어근 + 명령접두사 بِ + (인칭어미)

خَريدَن [kharidan] 사다 : 현재어근 خَر [khar]

단수	بِ + خَر = بِخَر [be+khar=bekhar]
복수	بِ + خَر + يد = بِخَريد [be+khar+id=bekharid]

부정형

단수	نَ + خَر = نَخَر [na+khar=nakhar]
복수	نَ + خَر + يد = نَخَريد [na+khar+id=nakharid]

این را به مَن بِدَهید.

[in rã be man bedahid.] 이것을 내게 주세요.

نامه بِنِویسید.

[nãme benevisid.] 편지를 쓰세요.

اَز آن مَغازه بِرِنج بِخَرید.

[az ãn maghãze berenj bekharid.] 저 가게에서 쌀을 사세요.

این کِتاب را بِخوان.

[in ketãb rã bekhãn.] 이 책을 읽어라.

آن را نخر.

[ãn rã nakhar.] 그것을 사지 마.

2. 모음으로 시작되는 현재어근

① آ 로 시작되는 현재어근

명령접두사 بِ [be] 다음에, 자음의 역할을 하는 ی [ye]를 첨가하여 모음이 겹치는 것을 막는다. 발음은 بیا [biyã]가 된다.

آمَدَن [ãmadan] 오다 : 현재어근 آ [ã]

단수 بِ + ی + آ = بیا [be+y+ã=beyã] → [biyã] → [biã][1]

복수 بِ + ی + آ + ی + ید = بیایید [be+y+ã+y+id=beyãyid] → [biyãyid]

부정형

단수 نَ + ی + آ = نیا [na+y+ã=nayã]

복수 نَ + ی + آ + ی + ید = نیایید [na+y+ã+y+id=nayãyid]

اِمشَب به خانه ی مَن بیایید.

[emshab be khãne ye man biyãyid.] 오늘밤 나의 집으로 오세요.

به اُطاق بِرَوید و کِتاب ِ مَن را بیاوَرید.

[be otãq beravid va ketãb e man rã biyãvarid.] 방으로 가서 내 책을 가지고 오세요.

1) 구어발음이 문어에도 활용된다.

② اَ 와 اُ 로 시작되는 현재어근

명령접두사 بِ [be] 다음에 자음의 역할을 하는 ی [ye]를 첨가시키고, ا 를 생략한다. 동사에 있는 모음부호 ◌َ [a] 와 ◌ُ [o] 를 자음 위에 넣어 발음한다.

اَنداختَن [andãkhtan] 던지다 : 현재어근 اَنداز [andãz]

단수 بِ + ی + اَنداز = بیَنداز [be+y+andãz=beyandãz]

복수 بِ + ی + اَنداز + ید = بیَندازید [be+y+andãz+id=beyandãzid]

부정형

단수 نَ + ی + اَنداز = نَیَنداز [na+y+andãz=nayandãz]

복수 نَ + ی + اَنداز + ید = نَیَندازید [na+y+andãz+id=nayandãzid]

اُفتادَن [oftãdan] 떨어지다 : 현재어근 اُفت [oft]

단수 بِ + ی + اُفت = بیُفت [be+y+oft=beyoft]

복수 ب + ی + اُفت + ید = بیُفتید [be+y+oft+id=beyoftid]

부정형

단수 نَ + ی + اِفت = نَیُفت [na+y+oft=nayoft]

복수 نَ + ی + اُفت + ید = نَیُفتید [na+y+oft+id=nayoftid]

3. 어미가 وَ [av] 로 끝나는 현재어근

명령형 단수형은 발음이 [ou]로 변한다.

شِنیدَن [shenidan] 듣다 : 현재어근 شِنَو [shenav]

단수 بِشِنُو [beshenou] 복수 بِشِنَوید [beshenavid]

부정형

단수 نَشِنُو [nashenou] 복수 نَشِنَوید [nashenavid]

شُدَن [shodan] 되다 : 현재어근 شَو [shav]

단수 بِشُو [beshou][2] 복수 بِشَوید [beshavid]

부정형

단수 نَشُو [nashou] 복수 نَشَوید [nashavid]

رَفتَن [raftan] 가다 : 현재어근 رَو [rav]

단수 بُرُو [borou][3] 복수 بِرَوید [beravid]

---

2) 명령접두사를 생략하고, [shou]로 활용하는 경우가 많다. 예를 들면,
   گُم شُو [gom shou] 사라져
   بُلَند شُو [boland shou] 일어나
   سَوار شُو [savār shou] 타
3) 구어발음이 문어에 정착되어 [bo]로 발음한다.

부정형

단수 نَرُو [narou] 복수 نَرَوِيد [naravid]

دَوِيدَن [davidan] 뛰다 : 현재어근 دَو [dav]

단수 بُدُو [bodou][4] 복수 بِدَوِيد [bedavid]

부정형

단수 نَدُو [nadou] 복수 نَدَوِيد [nadavid]

4) 위의 예와 동일한 이유이다.

4. 복합동사

① كَردَن [kyardan]과 결합된 복합동사는 일반적으로 명령접두사 بِ [be]를 생략한다. 그러나 부정형은 반드시 부정접두사 نَ [na]를 붙인다.

فَراموش كَردَن [farãmush kyardan] 잊어버리다 : 현재어근 فَراموش كُن [farãmush kon]

단수 فَراموش كُن [farãmush kon] 복수 فَراموش كُنيد [farãmush konid]

부정형

단수 فَراموش نَكُن [farãmush nakon] 복수 فَراموش نَكُنيد [farãmush nakonid]

일부 복합동사도 명령접두사를 생략하고 변용되는 경우가 있다.

نام بُردَن [nãm bordan] 이름을 붙이다 : 현재어근 نام بَر [nãm bar]

단수 نام بَر [nãm bar] 복수 نام بَريد [nãm barid]

② 전치사 بَر ، باز ، دَر 와 결합된 복합동사는 명령접두사 بِ [be]를 생략한다. 부정접두사 نَ [na]는 반드시 붙인다.

بَر گَشتَن [bar gyashtan] 돌아가다 : 현재어근 بَر گَرد [bar gyard]

단수 بَر گَرد [bar gyard] 복수 بَر گَرديد [bar gyardid]

부정형

단수 بَر نَگَرد [bar nagyard] 복수 بَر نَگَرديد [bar nagyardid]

5. بودَن [budan] 동사

명령접두사 بِ [be]를 생략하고 활용한다. 그러나 부정형은 반드시 부정접두사 نَ [na]를 붙인다.

بودَن [budan] 이다, 있다 : 현재 어근 باش [bãsh]

단수	باش [bãsh]	복수	باشید [bãshed]

부정형

단수	نَباش [nabãsh]	복수	نَباشید [nabãshid]
	نِگران نَباش! [negyarãn nabãsh!]	걱정마라!	
	زود باشید. [zud bãshid.]	서두르세요.	
	مُواظِب باش. [movãzeb bãsh.]	조심해.	
	اینجا باشید. [injã bãshid.]	여기 있으세요.	

6. داشتَن [dãshtan] 동사

명령형은 가정법 현재형인 داشته باش [dãshte bãsh]와 داشته باشید [dãshte bãshid]를 대신하여 활용한다. 그러나 복합동사인 경우에는 دار [dãr]와 دارید [dãrid]를 사용하기도 한다.

این را داشته باش.

[in rã dãshte bãsh.] 이것을 가지고 있어.

هَمین جا نِگه دار.

[hamin jã negyah dãr.] 바로 여기에 멈춰.

گوشی را بَردارید.

[gushi rã bar dãrid.] 수화기를 드세요.[5]

5) '전화 받으세요'라는 의미이기도 하다.

10

동사 – 미래형

1. 미래형

이란(페르시아)어의 미래형은 خواستَن [khãstan] '원하다'의 현재어근 ...خواه [khãh]의 어미에 현재형 인칭어미를 붙이고, 과거어근 즉, 과거 3인칭 단수형을 결합하면 완전 미래형이 된다.

완전미래형 = خواه + 현재형 인칭어미 + 과거어근

رَفتَن [raftan] 가다 : 과거어근 رَفت [raft]

단수

1인칭	خواه + َم + رفت = خواهَم رَفت	[khãham raft]
2인칭	خواه + ی + رَفت = خواهی رَفت	[khãhi raft]
3인칭	خواه + َد + رَفت = خواهَد رَفت	[khãhad raft]

복수

1인칭	خواه + یم + رَفت = خواهیم رَفت	[khãhim raft]
2인칭	خواه + ید + رَفت = خواهید رَفت	[khãhid raft]
3인칭	خواه + َند + رَفت = خواهَند رَفت	[khãhand raft]

부정형

단수

1인칭 نَخواهَم رَفت = خواهَم رَفت + نَ [nakhãham raft]

2인칭 نَخواهی رَفت = خواهی رَفت + نَ [nakhãhi raft]

3인칭 نَخواهَد رَفت = خواهَد رَفت + نَ [nakhãhad raft]

복수

1인칭 نَخواهیم رَفت = خواهیم رَفت + نَ [nakhãhim raft]

2인칭 نَخواهید رَفت = خواهید رَفت + نَ [nakhãhid raft]

3인칭 نَخواهَند رَفت = خواهَند رَفت + نَ [nakhãhand raft]

복합동사

복합동사의 미래형은 동사부분 즉, 보조동사 바로 앞에 خواه [khãh] 와 인칭어미를 붙이고, 보조동사의 과거어근을 연결하면 된다. 부정형은 위의 단순동사의 경우와 동일하게 خواه [khãh] 의 어두에 부정접두사 نَ [na]를 붙이면 된다.

اِستِفاده کَردَن [estefãde kyardan] 사용하다 : 과거어근 اِستِفاده کَرد [estefãde kyard]

단수

1인칭 اِستِفاده خواهَم کَرد [estefãde khãham kyard]

2인칭 اِستِفاده خواهی کَرد [estefãde khãhi kyard]

3인칭 اِستِفاده خواهَد کَرد [estefãde khãhad kyard]

복수

1인칭 اِستِفاده خواهیم کَرد [estefãde khãhim kyard]

2인칭 اِستِفاده خواهید کَرد [estefãde khãhid kyard]

3인칭 اِستِفاده خواهَند کَرد [estefãde khãhand kyard]

부정형

	단수	
1인칭	اِستِفاده نَخواهَم کَرد	[estefãde nakhãham kyard]
2인칭	اِستِفاده نَخواهی کَرد	[estefãde nakhãhi kyard]
3인칭	اِستِفاده نَخواهَد کَرد	[estefãde nakhãhad kyard]
	복수	
1인칭	اِستِفاده نَخواهیم کَرد	[estefãde nakhãhim kyard]
2인칭	اِستِفاده نَخواهید کَرد	[estefãde nakhãhid kyard]
3인칭	اِستِفاده نَخواهَند کَرد	[estefãde nakhãhand kyard]

2. 미래형의 용법

미래형은 연설이나 뉴스에서 장래의 예정을 전달할 때 주로 활용된다. 회화에서는 미래의 동작이나 상태는 현재형으로 대신한다. 현재형은 가까운 미래를 의미하기 때문이다. 그러나 예정이나 추측, 객관적인 예견이나 그 의미를 강조할 경우는 반드시 미래형을 사용한다.

او به خانه خواهَد رَفت.

[u be khãne khãhad raft.] 그는 집으로 갈 것이다.

شُما سال ِ آیَنده دَر ایران نَخواهید بود.

[shomã sãl e ãyande dar irãn nakhãhid bud.] 당신은 내년에 이란에 없을 것이다.

او به اینجا بَر نَخواهَد گشت.

[u be injã bar nakhãhad gyasht.] 그는 이곳으로 돌아오지 않을 것이다.

شُما سَرانجام خَسته خواهید شُد.

[shomã sar anjãm khaste khãhid shod.] 당신은 결국에는 피곤해질 것이다.

آن پِسَر غَذا را خواهَد خُورد.

[ãn pesar ghazã rã khãhad khord.] 저 소년은 음식을 먹을 것이다.

دیگر مُزاحِم ِ شُما نَخواهَم شُد.

[digyar mozãhem e shomã nakhãham shod.] 더 이상 (나는) 당신의 방해가 되지 않을 것이다.

11

동사 – 가정형

가정형은 가정법과 조건문에서 활용된다. 가정형에는 현재형과 완료형이 있다.

1. 가정형 현재

가정형 현재는 동사의 단순 현재형의 진행접두사 مى [mi] 를 빼고, 그 대신에 명령형 접두사 بِ[be]를 넣는다. 부정형은 بِ 대신에, 부정접두사 نَ [na]를 넣는다.

① 일반동사

رَفتَن [raftan] 가다 : 현재어근 رَو [rav]

	단수	
1인칭	بِ + رَو + َم = بِرَوَم	[be+rav+am=beravam]
2인칭	بِ + رَو + ى = بِرَوى	[be+rav+i=beravi]
3인칭	بِ + رَو + َد = بِرَوَد	[be+rav+ad=beravad]
	복수	
1인칭	بِ + رَو + يم = بِرَويم	[be+rav+im=beravim]
2인칭	بِ + رَو + يد = بِرَويد	[be+rav+id=beravid]
3인칭	بِ + رَو + َند = بِرَوَند	[be+rav+and=beravand]

부정형

	단수	복수
1인칭	نَرَوَم [naravam]	نَرَویم [naravim]
2인칭	نَرَوی [naravi]	نَرَوید [naravid]
3인칭	نَرَوَد [naravad]	نَرَوَند [naravand]

② بودن [budan] 동사

앞서 설명한 대로 بودَن 동사의 현재형은 3가지 형이 있다. 가정형은 제1형으로 활용한다. 이 동사는 제1형의 활용에서 진행접두사 می [mi]를 제외하면 된다. 부정형은 부정접두사 نَ [na]를 붙인다.

	단수	복수
1인칭	باشَم [bãsham]	باشیم [bãshim]
2인칭	باشی [bãshi]	باشید [bãshid]
3인칭	باشَد [bãshad]	باشَند [bãshand]

부정형

	단수	복수
1인칭	نَباشَم [nabãsham]	نَباشیم [nabãshim]
2인칭	نَباشی [nabãshi]	نَباشید [nabãshid]
3인칭	نَباشَد [nabãshad]	نَباشَند [nabãshand]

③ 복합동사

복합동사의 현재형에서 진행접두사 مى [mi] 대신에, 접두사 بِ [be][1]를 넣는다. 보조동사가 كَرْدَن [kyardan]이 되는 경우는 بِ [be]를 생략한다. 일부 단순동사들도 접두사 بِ 를 생략하기도 한다.
그러나 부정형은 접두사 بِ [be]대신에, 반드시 부정접두사 نَ [na]를 넣어야 부정형이 된다.

صَبر كَرْدَن [sabr kyardan] 기다리다 : 현재어근 صَبر كُن [sabr kon]

	단수	복수
1인칭	صَبر كُنَم [sabr konam]	صَبر كُنيم [sabr konim]
2인칭	صَبر كُنى [sabu koni]	صَبر كُنيد [sabr konid]
3인칭	صَبر كُنَد [sabr konad]	صَبر كُنَند [sabr konand]

부정형

	단수	복수
1인칭	صَبر نَكُنَم [sabr nakonam]	صَبر نَكُنيم [sabr nakonim]
2인칭	صَبر نَكُنى [sabr nakoni]	صَبر نَكُنيد [sabr nakonid]
3인칭	صَبر نَكُنَد [sabr nakonad]	صَبر نَكُنَند [sabr nakonand]

1) 명령접두사 혹은 가정형 접두사라고 불리기도 한다.

④ 모음으로 시작되는 현재어근의 동사

i آ [ã]로 시작되는 현재어근

가정형 접두사 بِ [be] 다음에 자음의 역할을 하는 ی [ye]를 첨가하여 모음이 겹치는 것을 막는다. 단, 발음은 بیا [biyã]가 된다. 부정형은 접두사 بِ [be] 대신에, 부정접두사 نَ [na]를 넣는다.

آوَردَن [ãvardan] 가지고 오다 : 현재어근 آوَر، آر [ãvar, ãr]

	단수	
1인칭	بِ + ی + آوَر + مَ = بیاوَرَم	[be+y+ãvar+am=bi[2]yãvaram]
2인칭	بِ + ی + آوَر + ی = بیاوَری	[be+y+ãvar+i=biyãvari]
3인칭	بِ + ی + آوَر + دَ = بیاوَرَد	[be+y+ãvar+ad=biyãvarad]
	복수	
1인칭	بِ + ی + آوَر + یم = بیاوَریم	[be+y+ãvar+im=biyãvarim]
2인칭	بِ + ی + آوَر + ید = بیاوَرید	[be+y+ãvar+id=biyãvarid]
3인칭	بِ + ی + آوَر + َند = بیاوَرَند	[be+y+ãvar+and=biyãvarand]

부정형

	단수	복수
1인칭	نَیاوَرَم [nayãvaram]	نَیاوَریم [nayãvarim]
2인칭	نَیاوَری [nayãvari]	نَیاوَرید [nayãvarid]
3인칭	نَیاوَرَد [nayãvarad]	نَیاوَرَند [nayãvarand]

2) 구어 발음이 문어 발음으로 활용된다.

ii اَ [a]와 اُ [o]로 시작되는 현재어근

가정형 접두사 بِ [be] 다음에 자음의 역할을 하는 ی [ye]를 첨가시키고, ا 를 생략한다. 동사의 모음 ◌َ[a]와 ◌ُ[o]는 자음 ی [y]음에 첨가하여 발음한다. 부정형은 접두사 ب [be] 대신에, 부정접두사 ن [na]를 넣는다.

اَندیشیدَن [andishidan] 생각하다 : 현재어근 اَندیش [andish]

	단수	
1인칭	بِ + یَ + ندیش + َم = بِیَندیشَم	[be+ya+ndish+am=beyandisham]
2인칭	بِ + یَ + ندیش + ی = بِیَندیشی	[be+ya+ndish+i=beyandishi]
3인칭	بِ + یَ + ندیش + َد = بِیَندیشَد	[be+ya+ndish+ad=beyandishad]
	복수	
1인칭	بِ + یَ + ندیش + یم = بِیَندیشیم	[be+ya+ndish+im=beyandishim]
2인칭	بِ + یَ + ندیش + ید = بِیَندیشید	[be+ya+ndish+id=beyandishid]
3인칭	بِ + یَ + ندیش + َند = بِیَندیشَند	[be+ya+ndish+and=beyandishand]

부정형

	단수	복수
1인칭	نَیَندیشَم [nayandisham]	نَیَندیشیم [nayandishim]
2인칭	نَیَندیشی [nayandishi]	نَیَندیشید [nayandishid]
3인칭	نَیَندیشَد [nayandishad]	نَیَندیشَند [nayandishand]

اُفتادَن [oftãdan] 떨어지다, 빠지다 : 현재어근 اُفت [oft]

단수

1인칭	بِ + یُ + فت + َم = بِیُفتَم	[be+yo+ft+am=beyoftam]
2인칭	بِ + یُ + فت + ی = بِیُفتی	[be+yo+ft+i=beyofti]
3인칭	بِ + یُ + فت + َد = بِیُفتَد	[be+yo+ft+ad=beyoftad]
	복수	
1인칭	بِ + یُ + فت + یم = بِیُفتیم	[be+yo+ft+im=beyoftim]
2인칭	بِ + یُ + فت + ید = بِیُفتید	[be+yo+ft+id=beyoftid]
3인칭	بِ + یُ + فت + َند = بِیُفتَند	[be+yo+ft+and=beyoftand]

부정형

	단수	복수
1인칭	نَیُفتَم [nayoftam]	نَیُفتیم [nayoftim]
2인칭	نَیُفتی [nayofti]	نَیُفتید [nayoftid]
3인칭	نَیُفتَد [nayoftad]	نَیُفتَند [nayoftand]

⑤ داشتَن [dãshtan] ‘가지고 있다’ 동사

이 동사는 현재형이 없고, 완료형이 현재형으로 사용된다. 과거분사에 بودَن의 가정형현재형을 붙이면 완료형이 된다. 그러나 داشتَن 동사가 복합동사의 보조동사의 역할을 한 경우는 현재어근이 그대로 붙게 된다.

داشتَن [dãshtan] 가지고 있다 : 현재어근 دار [dãr]

	단수	복수
1인칭	داشته باشَم [dãshte bãsham]	داشته باشیم [dãshte bãshim]
2인칭	داشته باشی [dãshte bãshi]	داشته باشید [dãshte bãshid]
3인칭	داشته باشَد [dãshte bãshad]	داشته باشَند [dãshte bãshand]

부정형

	단수	복수
1인칭	نَداشته باشَم [nadãshte bãsham]	نَداشته باشیم [nadãshte bãshim]
2인칭	نَداشته باشی [nadãshte bãshi]	نَداشته باشید [nadãshte bãshid]
3인칭	نَداشته باشَد [nadãshte bãshad]	نَداشته باشَند [nadãshte bãshand]

2. 가정형 현재의 용법

가정형 현재는 불확실한 시제를 나타내며, 광범위하게 활용되기 때문에 그 용법을 잘 익혀야 한다.

① 1인칭 복수형을 활용하여 '(우리) ...하지요, 합시다'라는 권유를 표현한다.

بِرَویم.

[beravim.] 갑시다.

شام بُخوریم.

[shãm bo[3] khorim.] 저녁식사 합시다.

زَبانِ خارِجی را یاد بِگیریم.

[zabãn e khãrej rã yãd begirim.] 외국어를 배웁시다.

به فارسی صُحبَت کُنیم.

[be fãrsi sohbat konim.] 이란어로 이야기 합시다.

② 1인칭 단수형을 활용하여 상대의 허락을 구하거나 의지를 묻는다. '(내가)...해도 좋을까요?', '(내가)...할까요?'를 표현한다.

این روزنامه را بِخوانَم؟

[in ruznãme rã bekhãnam?] 이 신문을 읽어도 될까요?

آن پَنجِره را باز نَکُنَم؟

[ãn panjere rã bãz nakonam?] 저 창문을 열지 말까요?

3) 문어 발음은 [be]이다. 그러나 구어 발음 [bo]로 활용되는 경우이다.

③ 불확실한 미래나 의혹을 표현한다.

بِرَوَم یا نَرَوَم؟

[beravam yã naravam?] (나는) 갈까 (가지) 말까?

کُجا بِرَوَم؟

[kojã beravam?] (나는) 어디로 갈까요?

حالا چه کُنَم؟

[hãlã che konam?] (나는) 지금 무엇을 할까요?

④ 추측 '....일지도 모른다', '...일 것이다'을 표현한다.

مُمکِن اَست که بیایَد.

[momken ast ke biyãyad.] (그, 그녀는) 올 지도 모른다.

شایَد آنجا نَباشَد.

[shãyad ãnjã nabãshad.] (그, 그녀는) 아마 그곳에 없을 것이다.

⑤ 희망하거나 원함을 표현한다.

اُمیدوارَم شُما را زود بِبینَم.

[omidvãram shomã rã zud bebinam.] (나는) 당신을 빨리 만나기를 희망한다.

مِیل دارَم با تُو آشِنا شَوَم.

[meil dãram bã to ãshenã shavam.] (나는) 너와 친해지고 싶다.

می خواهَند به ایران بِرَوَند.

[mikhãhand be irãn beravand.] (그들, 그녀들은) 이란에 가기를 원한다.

نِمی خواهَد این کِتاب را بِخوانَد.

[nemikhãhad in ketãb rã bekhãnad.] (그, 그녀는) 이 책을 읽기를 원하지 않는다.

خواهِش می کُنَم کَمی آهِسته حَرف بِزَنید.

[khãhesh mikonam kami ãheste harf bezanid.] 죄송하지만 (당신이) 조금 천천히 말해 주세요.

کاش مادَرَم خوب بِشَوَد!

[kãsh mãdaram khub beshavad!] 나의 어머니가 좋아진다면 좋겠어요!

⑥ 접속사 '...하고자', '....하도록'을 표현한다.

تَصمیم گِرِفتَم که بِمانَم.

[tasmim gereftam ke bemãnam.] (나는) 머물기로 결정했다.

به او بِگویید اینجا بیایَد.

[be u beguyid injã biyãyad.] (당신) 그(그녀)에게 여기로 오라고 말하세요.

سَعی خواهَم کَرد نامه بِنویسَم.

[sa'i khãm kyard nãme benevisam.] (나는) 편지 쓰려고 노력할 것이다.

⑦ 조동사를 동반한 문장(절)의 본동사가 취하는 형태[4]이다.

نِمی تَوانَم این خَبَر را باوَر کُنَم.

[nemitavãnam in khabar rã bãvar konam.] (나는) 이 소식을 믿을 수 없다.

بایَد بِرَوَم.

[bãyad beravam.] (나는) 가야만 한다.

⑧ 조건문의 조건절 시제로 활용한다.

اَگر بِرَوَند مَن هَم می رَوَم.

[agyar beravand man ham mirvam.] 만일 그들이 간다면 나도 갈 것이다.

---

4) '조동사'란 참고.

اَگر مَریض باشَد نَخواهَد آمَد.

[agyar mariz bãshad nakhãhad ãmad.] 만일 (그가) 아프다면 오지 않을 것이다.[5]

اَگر وَقت داشته باشَم به خانه ی شُما می آیَم.

[agyar vaqt dãshte bãsham be khãne ye shomã miãyam.] 만일 (내가)시간이 있다면 당신의 집으로 갈게요.[6]

⑨ 접속사 تا [tã], که [ke], بَرای اینکه [barãye inke]와 함께 사용하여, 목적인 '...하기 위하여'를 표현한다.

به بازار رَفتَم که لِباس بِخَرَم.

[be bãzãr raftam ke lebãs bekharam.] (나는) 옷을 사기 위하여 시장으로 갔다.

به شَهر رَفتَم تا دوست ِ شُما را بِبینَم.

[be shahr raftam tã dust e shomã rã bebinam.] (나는) 당신의 친구를 만나러 도시로 갔다.

بَرای اینکه نان را به دَست بیاوَرَد، شَب و روز کار می کَرد.

[barãye inke nãn rã be dast biyãvarad, shab va ruz kãr mikyardam.] (그, 그녀는) 빵을 얻기 위하여 밤이나 낮이나 일하고 있었다.

⑩ 일반 관계절 안에서 활용한다.

هَر کَس زودتَر بِرَسد بَرَنده اَست.

[har kyas zudtar berasad barande ast.] 보다 빨리 도착하는 자가 (누구라도) 승리자이다.

هَر چه شُما بیاوَرید راضی هَستَم.

[har che shomã biyãvarid rãzi hastam.] 당신이 가지고 오는 것은 (무엇이라도) (나는) 만족한다.

---

5) 완전미래형.

6) 현재형으로 가까운 미래를 의미한다.

⑪ بهتَر اَست [behtar ast], '...하는 편이 좋다'의 의미를 표현한다.

بهتَر اَست دَر خانه اِستِراحَت کُنید.

[behtar ast dar khãne esterãhat konid.] (당신은) 집에서 쉬는 것이 더 좋다.

بهتَر اَست که او را به بیمارِستان بِرَسانید.

[behtar ast ke u rã be bimãrestãn berasãnid.] (당신은) 그를 병원으로 데리고 가는 것이 좋다.

⑫ پیش اَز آنکه [pish az ãn ke] قَبل اَز آنکه [qabl az ãnke] '...하기 전에', بِجای اینکه [bejãye inke] '...하는 대신에', بِدونِ اینکه [bedu e inke] '...하는일 없이' 등의 뒤에 활용한다.

پیش اَز آنکه به ایران بِرَوَد فارسی آموخت.

[pish az ãnke be irãn beravad fãrsi ãmukht.] (그는) 이란으로 가기 전에 이란어를 배웠다.

بجای اینکه بازی کُنَد دَرس می خوانَد.

[bejãye inke bãzi konad dars mikhãnad.] (그는) 노는 것 대신에 공부를 한다.

بِدونِ اینکه آدرِسِ دوستَم را بِگویَد، رَفت.

[bedune inke ãdres-e dustam rã beguyad, raft.] (그는) 내 친구의 주소를 말하지 않고 갔다.

⑬ تا [tã] '... 하지 않는 한... 하지 않는다' 현재와 미래를 표현한다.

تا آن را نَشِنَوَم باوَر نِمی کُنَم.

[tã ãn rã nashenavam bãvar nemikonam.] 그것을 듣지 않는 한 (나는) 믿을 수 없다.

⑭ لازِم اَست که [lãzem ast] '...가 필요하다', واجِب اَست که [vãjeb ast ke], مَجبور اَست که [majbur ast ke], '...해야만 한다', '...하지 않으면 않된다' 등의 뒤에 활용한다.

لازِم اَست که این کِتاب را بِخَرید.

[lãzem ast ke in ketãb rã bekharid.] (당신은) 이 책을 살 필요가 있다.

واجِب اَست که او را وَعده بِگیرَم.

[vãjeb ast ke u rã va'de begiram.] (나는) 그를 초대해야만 한다.

مَجبور است که این پِسَر را بِبَرَم.

[majbur ast ke in pesar rã bebaram.] (나는) 이 남자아이를 데리고 가지 않으면 안된다.

⑮ قول دادَن [qul dãdan] '...하기로 약속하다', فَراموش کَردَن [farãmush kyardan] '...하는 것을 잊다' 등의 다음에 사용한다.

قول داد دیگر[7] دُروغ نَگویَد.

[qul dãd digyar dorugh naguyad.] (그는) 더 이상 거짓말 하지 않기로 약속했다.

فَراموش کَرد که پَنجره را بِبَندَد.

[farãmush kyard ke panjere rã bebandad.] (그는) 창문 닫는 것을 잊어 버렸다.

7) 동사와 함께 활용하여, ' 더 이상 ....하지 않는다'라는 의미이다.

3. 가정형 완료

가정형 완료는 과거분사에 بودَن [budan]의 가정형 현재를 붙이면 된다.

خُوردَن [khordan] 먹다 : 과거분사 خُورده [khorde]

	단수	복수
1인칭	خُورده باشَم [khorde bãsham]	خُورده باشيم [khorde bãshim]
2인칭	خُورده باشى [khorde bãshi]	خُورده باشيد [khorde bãshid]
3인칭	خُورده باشَد [khorde bãshad]	خُورده باشَند [khorde bãshand]

부정형

	단수	복수
1인칭	نَخُورده باشَم [nakhorde bãsham]	نَخُورده باشيم [nakhorde bãshim]
2인칭	نَخُورده باشى [nakhorde bãshi]	نَخُورده باشيد [nakhorde bãshid]
3인칭	نَخُورده باشَد [nakhorde bãshad]	نَخُورده باشَند [nakhorde bãshand]

4. 가정형 완료 용법

과거에 있었던 행위나 상태에 대한 추측, 불확실, 추리, 기원 등을 나타낼 때 활용할 수 있고, 조동사를 동반하는 문장(절)의 본동사, 조건문의 과거에서 사용한다.

می تَرسَم او رَفته باشَد.

[mitarsam u rafte bãshad.] (나는) 그녀가 갔을까봐 두렵다.

دیوانه شُده باشَد.

[divãne shode bãshad.] (그는) 미쳤을지도 모른다.

نِمی دانَم او آن را خُورده باشَد یا نَه.

[nemidãnam u ãn rã khorde bãshad yã na.] (나는) 그가 그것을 먹었는지 아닌지 모른다.

خیال نِمی کُنَم که اِشتِباه کَرده باشَم.

[khiyãl nemikonam ke eshtebãh karde bãsham.] (나는) 실수했다고 생각하지 않는다.

بایِست این کار را کَرده باشید.

[bãyest in kãr rã kyarde bãshid.] (당신은) 이 일을 해야만 했다.

بایَد رَفته باشَد.

[bãyad rafte bãshad.] (그는) 갔었음에 틀림없다.

شایَد این را نَدانِسته باشَند.

[shãyad in rã nadãneste bãshand.] 아마 (그들은) 이것을 알지 못했을지도 모른다.

اُمیدوارَم نامه ی مَن رِسیده باشَد.

[omidvãram nãme ye man reside bãshad.] (나는) 내 편지가 닿았기를 희망한다.

12

조동사

이란(페르시아)어에는 동사와 함께 사용하여 ' ...할 수 있다', '...해야만 한다', '...임에 틀림없다', '...하기를 원하다', '...하기를 허락하다', '...하고 있는 중이다' 등의 의미를 표현하는 조동사가 있다. 조동사를 동반할 때 본동사는 가정형이 된다. 인칭에 따라 어미가 변형되는 조동사와 인칭에 영향을 받지 않는 조동사로 나눌 수 있다. 전자를 제1형 조동사로, 후자를 제2형 조동사로 분류하여 설명한다. 조동사는 반드시 주어 다음에 위치한다.

1. 제1형 조동사

이 조동사에는 تَوانِستَن [tavãnestan] '...할 수 있다'와 خواستَن [khãstan] '... 하기를 원하다'가 있다. 활용을 설명하기 위해 본동사는 رَفتَن [raftan] '가다' (현재어근 : رَو [rav])로 한다. 본동사는 가정형을 취한다. 부정형은 진행 접두사에 부정접두사 نَ [na]를 붙인다.

① تَوانِستَن [tavãnestan] → 과거어근 تَوانِست [tavãnest]

→ 현재어근 تَوان [tavãn]

현재형

	단수	복수
1인칭	می تَوانَم بِرَوَم [mitavãnam beravam]	می تَوانیم بِرَویم [mitavãnim beravim]
2인칭	می تَوانی بِرَوی [mitavãni beravi]	می تَوانید بِرَوید [mitavãnid beravid]
3인칭	می تَوانَد بِرَوَد [mitavãnad beravad]	می تَوانَند بِرَوَند [mitavãnand beravand]

부정형

단수

1인칭	نِمی تَوانَم بِرَوَم	[nemitavãnam beravam]
2인칭	نِمی تَوانی بِرَوی	[nemitavãni beravi]
3인칭	نِمی تَوانَد بِرَوَد	[nemitavãnad beravad]

복수

1인칭	نِمی تَوانیم بِرَویم	[nemitavãnim beravim]
2인칭	نِمی تَوانید بِرَوید	[nemitavãnid beravid]
3인칭	نِمی تَوانَند بِرَوَند	[nemitavãnand beravand]

과거형

	단수	복수
1인칭	تَوانِستَم بِرَوم [tavãnestam beravam]	تَوانِستیم بِرَویم [tavãnestim beravim]
2인칭	تَوانِستی بِرَوی [tavãnesti beravi]	تَوانِستید بِرَوید [tavãnestid beravid]
3인칭	تَوانِست بِرَوَد [tavãnest beravad]	تَوانِستَند بِرَوَند [tavãnestand beravand]

부정형

	단수	
1인칭	نَتَوانِستَم بِرَوَم	[natavãnestam beravam]
2인칭	نَتَوانِستی بِرَوی	[natavãnesti beravi]
3인칭	نَتَوانِست بِرَوَد	[natavãnest beravad]
	복수	
1인칭	نَتَوانِستیم بِرَوَیم	[natavãnetim beravim]
2인칭	نَتَوانِستید بِرَوید	[natavãnetidid beravid]
3인칭	نَتَوانِستَند بِرَوَند	[natavãnestand beravand]

می توانستم بیایم.

[mitavãnestam biyãyam.] (나는) 올 수 있었는데.[1]

می توانم به شما کمک کنم.

[mitavãnam be shomã komak konam.] (나는) 당신을 도울 수 있다.

می توانید این کتاب را بخوانید؟

1) 사실은 오지 않았다는 의미가 있다.

[mitavãnid in ketãb rã bekhãnid?] (당신은) 이 책을 읽을 수 있습니까?

ما نمی توانیم بدون آب اینجا زندگی کنیم.

[mãnemitavãnim bedun e ãb injã zendegi konim.] 우리들은 물 없이 이곳에서 살 수 없다.

نتوانستم سر وقت به ترمینال اتوبوس برسم.

[natavãnestam sar e vaqt be terminãl e otobus berasam.] (나는) 제 시간에 버스터미널에 도착할 수 없었다.

او نتوانست آن را حفظ کند.

[u natavãnest ãn rã hefz konad.] 그는 그것을 외울 수 없었다.

단, توانشتن의 과거진행은 '...할 수 있었는데 ...하지 못했다'의 의미로 사용한다.

می توانستم بیایم.

[mitavãnestam biyãyam.] (나는) 올 수 없었다.

② خواستن [khãstan] 원하다 → 과거어근 خواست [khãst]
→ 현재어근 خواه [khãh]

현재형

	단수	복수
1인칭	می خواهم بروم [mikhãsham beravam]	می خواهیم برویم [mikhãhim beravim]
2인칭	می خواهی بروی [mikhãhi beravi]	می خواهید بروید [mikhãhid beravid]
3인칭	می خواهد برود [mikhãhad beravad]	می خواهند بروند [mikhãhand beravand]

부정형

단수

1인칭	نمی خواهم بروم	[nemikhãsham beravam]
2인칭	نمی خواهی بروی	[nemikhãhi beravi]
3인칭	نمی خواهد برود	[nemikhãhad beravad]

복수

1인칭	نمی خواهیم برویم	[nemikhãhim beravim]
2인칭	نمی خواهید بروید	[nemikhãhid beravid]
3인칭	نمی خواهند بروند	[nemikhãhand beravand]

과거진행형[2)]

단수

1인칭	می خواستم بروم	[mikhãstam beravam]
2인칭	می خواستی بروی	[mikhãsti beravi]
3인칭	می خواست برود	[mikhãst beravad]

복수

1인칭	می خواستیم برویم	[mikhãstim beravim]
2인칭	می خواستید بروید	[mikhãstid beravid]
3인칭	می خواستند بروند	[mikhãstand beravand]

2) 과거형보다 빈도수가 많아 예로 든다.

خواستن [khãstan]은 단순과거형으로 활용된 경우 '...하려고 했다(원했다)' 등의 동작이 일어난 시점을 지적하는 의미가 되지만 과거진행형으로 활용된 경우는 '...하려고 생각하고 있었다', '...했었다'와 같이 오랜 시간에 걸쳐 그 동작과 상태를 '...원해서 하고 싶었지만' 라는 뉘앙스가 함축된 화자의 의도를 나타낸다.

می خواهم با هم به تبریز بروم.

[mikhãham bã ham be Tabriz beravam.] (나는) 함께 타브리즈에 가고 싶다.

بچه ها می خواهند در خانه باشند.

[bachchehã mikhãhand dar khãne bãshand.] 아이들은 집에 있고 싶어한다.

می خواهد به بانک برود.

[mikhãhad be bãnk beravad.] (그녀는) 은행에 가고 싶어한다.

می خواهیم درباره ی ایران صحبت کنیم.

[mikhãhim dar bãre ye irãn sohbat konim.] (우리는) 이란에 대하여 이야기 하기를 원한다.

او خواست زود بیدار شود.

[u khãst zud bidãr shaved.] 그는 일찍 일어나고 싶었다.

وقتیکه خواستم راه بیفتم، او زنگ زد.

[vaqtike khãstam rãh beyoftam, u zang zad.] (내가) 나가기를 원했을 때, 그(그녀)가 전화를 걸었었다.

می خواستم زودتر بیایم.

[mikhãstam zudtar biyãyam.] (나는) 좀 더 일찍 오려고 했었다.

از قبل می خواستم این ماشین بخرم.

[az qabl mikhãstam in mãshin bekham.] 전부터 (나는) 이 자동차를 사고 싶었다.

می خواستم خانم مریم را ببینم.

[mikhãstam khãnom e maryam rã bebinam.] (나는) 마리얌양을 만나고 싶었다.

단, 조동사와 본동사의 주어가 동일하지 않은 경우, 접속사 كه [ke]를 넣어 명사절인 것을 나타내기도 한다.

می خواهم که این نامه را برای من بخوانید.

[mikhãham ke in nãme rã barãye man bekhãnid.] (나는) 이 편지를 나를 위해 (당신이) 읽어주기를 원한다.

توانستن [tavãnestan]은 반드시 본동사를 동반하지만, خواستن [khãstan]은 '...원하다', '....하고 싶다'라는 의미의 본동사로 활용할 수도 있다.

③ گذاشتن [gozãshtan] 허락하다 → 과거어근 گذاشت [gozãsht]
→ 현재어근 گذار [gozãr]

이 조동사는 본동사일 경우, '놓다'라는 의미를 가지고 있으나 조동사가 되는 경우 위와 같이 '허락하다'라는 의미가 된다. 조동사로 활용될 때 본동사는 가정형 현재형이 된다. 그리고 조동사의 주어와 본동사의 주어가 달리 사용되는 경우가 많아 유의해야 한다.

بگذار برود.

[begozãr beravad.] (너는) (그가) 가도록 허락해.

نگذاشت بروم.

[nagozãsht beravam.] (그녀는) (내가) 가도록 허락하지 않았다.

می گذارم این نامه را برای من بخوانید.

[migozãram in nãme rã barãye man bekhãnid.] (나는) (당신이) 나를 위해 이 편지를 읽어주도록 허락한다.

بگذارید این دختر به آنجا برود.

[begozãrid in dokhtar be ãnjã beravad.] (당신은) 이 소녀가 그곳으로 가도록 허락하세요.

④ داشتن [dãshtan] ...하는 중이다 → 과거어근 داشت [dãsht]

→ 현재어근 دار [dãr]

이 동사가 일반동사로 활용되면, '가지고 있다'라는 의미이지만, 조동사로 활용될 경우, 진행형을 강조하여, '....하고 있는 중이다'라는 진행을 나타낸다.

دارم از گرسنگی می میرم.

[dãram az gorosnegi mimiram.] (나는) 배가 고파 죽어가고 있다(=배가 고파 죽겠다).

داشت درس می خواند.

[dãsht dars mikhãnd.] (그는) 공부를 하고 있는 중이었다.

در آن وقت شما داشتید چه کار می کردید؟

[dar ãn vaqt shomã dãshtid che kãr mikyardid?] 그때 당신은 무엇을 하고 있었던 중이었습니까?

2. 제2형 조동사

이 조동사는 인칭과 시제변화를 하지 않는다. 다시 말해 본동사는 주어에 따라 인칭 변화를 하는 반면, 조동사 자체는 3인칭 단수형으로 활용되어, 현대 이란(페르시아)어에서는 조동사가 부사화된 것으로 간주한다.

① بایِستَن [bãyestan] '...임에 틀림없다', '...해야만 한다'

모든 인칭과 시제에 공통으로 3인칭 단수형인 بایَد [bãyad]을 사용한다.

	단수	복수
1인칭	باید بروم [bãyad beravam]	باید برویم [bãyad beravim]
2인칭	باید بروی [bãyad beravi]	باید بروید [bãyad beravid]
3인칭	باید برود [bãyad beravad]	باید بروند [bãyad beravand]

부정형

	단수	복수
1인칭	نباید بروم [nabãyad beravam]	نباید برویم [nabãyad beravim]
2인칭	نباید بروی [nabãyad beravi]	نباید بروید [nabãyad beravid]
3인칭	نباید برود [nabãyad beravad]	نباید بروند [nabãyad beravand]

완료형

	단수	
1인칭	باید رفته باشم	[bãyad rafte bãsham]
2인칭	باید رفته باشی	[bãyad rafte bãshi]
3인칭	باید رفته باشد	[bãyad rafte bãshad]

복수

1인칭	باید رفته باشیم	[bãyad rafte bãshim]
2인칭	باید رفته باشید	[bãyad rafte bãshid]
3인칭	باید رفته باشند	[bãyad rafte bãshand]

부정형

단수

1인칭	نباید رفته باشم	[nabãyad rafte bãsham]
2인칭	نباید رفته باشی	[nabãyad rafte bãshi]
3인칭	نباید رفته باشد	[nabãyad rafte bãshad]

복수

1인칭	نباید رفته باشیم	[nabãyad rafte bãshim]
2인칭	نباید رفته باشید	[nabãyad rafte bãshid]
3인칭	نباید رفته باشند	[nabãyad rafte bãshand]

بچه ها باید تا ظهر برسند.

[bachchehã bãyad tã zohr berasand.] 아이들은 정오까지 도착해야만 한다.

اینجا نباید حرف بزنید.

[injã nabãyad harf bezanid.] (당신은) 여기서 말해서는 안된다.

نباید سیگار بکشی.

[nabãyad sigãr bekeshi.] (너는) 담배를 피워서는 안돼.

باید زودتر حرکت کنیم.

[bãyad zudtar harkyat konim.] (우리는) 좀 더 일찍 출발해야만 한다.

باید رفته باشد.

[bãyad rafte bãshad.] (그는) 갔음에 틀림없다.

این کار باید فردا تا ساعت پنج تمام شده باشد.

[in kãr bãyad fardã tã sã'at e panj tamãm shode bãshad.] 이 일은 내일 5시까지 마쳐야만 했었다.[3]

باید می رفتم.

[bãyad miraftam.] 나는 가야만 했었다/나는 가야만 했었는데 가지 않았다.[4]

② شایستن [shãyestan] '아마....겠지요', '아마도'

이 조동사는 본래 '어울리다', '적합하다'라는 의미의 동사이다. 그러나 현대 이란(페르시아)어에서는 본동사로 사용되지 않고, 3인칭 단수형인 شاید [shãyad]만 사용되고 있다. 앞서 설명한 대로 부사처럼 활용되는 빈도도 높다. 그리고 부정을 나타낼 경우, 조동사는 부정접두사를 취하지 않고, 본동사가 부정접두사를 취해 부정형을 만든다.

	단수	복수
1인칭	شاید بروم [shãyad beravam]	شاید برویم [shãyad beravim]
2인칭	شاید بروی [shãyad beravi]	شاید بروید [shãyad beravid]
3인칭	شاید برود [shãyad beravad]	شاید بروند [shãyad beravand]

3) 조동사와 가정형 완료의 조합은, 1) 과거의 의무 2) 사실과 반대되는 상황을 의미할 때 사용한다.

4) 이 문장은 두 가지 의미를 나타낸다. 혼란을 막기 위해서는 앞뒤 문장으로 파악하거나 혹은 과거의 의무를 나타내는 다른 어휘인, مجبور [majbur] 로 표현하는 경향이 있다.

부정형

	단수	복수
1인칭	شاید نروم [shãyad naravam]	شاید نرویم [shãyad naravim]
2인칭	شاید نروی [shãyad naravi]	شاید نروید [shãyad naravid]
3인칭	شاید نرود [shãyad naravad]	شاید نروند [shãyad naravand]

완료형

	단수	복수
1인칭	شاید رفته باشم [shãyad rafte bãsham]	شاید رفته باشیم [shãyad rafte bãshim]
2인칭	شاید رفته باشی [shãyad rafte bãshi]	شاید رفته باشید [shãyad rafte bãshid]
3인칭	شاید رفته باشد [shãyad rafte bãshad]	شاید رفته باشند [shãyad rafte bãshand]

부정형

	단수	
1인칭	شاید نرفته باشم	[shãyad narafte bãsham]
2인칭	شاید نرفته باشی	[shãyad narafte bãshi]
3인칭	شاید نرفته باشد	[shãyad narafte bãshad]
	복수	
1인칭	شاید نرفته باشیم	[shãyad narafte bãshim]
2인칭	شاید نرفته باشید	[shãyad narafte bãshid]
3인칭	شاید نرفته باشند	[shãyad narafte bãshand]

شاید پدر من اینجا باشد.

[shãyad pedar e man injã bãshad.] 아마 나의 아버지는 이곳에 계시겠지요.

شاید فردا پول را بدهد.

[shãyad fardã pul rã bedahad.] 아마 내일 (그가) 돈을 주겠지요.

شاید این کتاب را خوانده باشید.

[shãyad in ketãb rã khãnde bãhid.] 아마 (당신은) 이 책을 읽었겠지요.

شاید این را ندانسته باشند.

[shãyad in rã nadãneste bãshand.] 아마 (그들은) 이것을 모르고 있었겠지요.

شاید فردا بتواند بیاید.

[shãyad fardã betavãnad biyãyad.] 아마 내일 (그는) 올 수 있겠지요.

شاید [shãyad]는 다른 조동사에 비해 부사적인 성격이 강하기 때문에 단순현재형과 함께 사용하여 '아마'라는 부사로 자주 활용한다.

شاید فردا می رویم.

[shãyad fardã miravim.] 아마 (우리는) 내일 갈 겁니다.

شاید [shãyad]가 과거진행형과 함께 사용하는 경우, 사실은 일어나지 않았지만 '아마 ... 했을 수도 있다'라는 의미를 뜻하는 현실과 반대되는 상황을 표현하기도 한다.

اگر این را می خوردم، شاید من هم مریض می شدم.

[agyar in rã mikhordam, shãyad man ham mariz mishodam.] 만일 이것을 (내가) 먹었더라면, 아마 나도 아팠을 겁니다.

13

재귀대명사, 부정(不定)대명사

1. 재귀대명사

재귀대명사에는 خود [khod], خویش [khish], خویشتن [khishtan]이 있다. 일상 이란어에서는 현재 خود 와 خویش 의 활용도가 높다. خویش 와 خویشتن 은 사용범위가 한정되어 주로 '자신의', '자기의'의 의미에서 명사를 동반하여 사용할 수 있다. 반면 خود는 '....자신'이라는 재귀대명사와 '자신', '스스로'라는 강한 의미로 사용된다. خود를 강조하기 위하여 인칭대명사에 붙여 사용한다.

	단수(분리형 = 비분리형)		
1인칭	خودِ من	[khod e man]	= خودم [khodam]
2인칭	خودِ تو	[khod e to]	= خودت [khodat]
3인칭	خودِ او	[khod e u]	= خودش [khoda/e/sh]
	복수(분리형 = 비분리형)		
1인칭	خودِ ما	[khod e mã]	= خودمان [khodemãn]
2인칭	خودِ شما	[khod e shomã]	= خودتان [khodetãn]
3인칭	خودِ آنها	[khod e ãnhã]	= خودشان [khodeshãn]

① 재귀적 용법

주어 자신을 지칭하는 용법으로 خود [khod]가 앞에 오는 경우 에저훼가 들어간다.

خود من

[khod e man] 나 자신

خود شما گفتید.

[khod e shomã goftid.] 당신 자신이 말했다.

مواظب خودتان باشید.

[movãzeb e khodetãn bãshid.] (상대방에게) 조심하세요.

② 강조 용법

'스스로', '자신'이라는 의미로 주어를 강조하는 용법이다. 주어의 뒤에 위치하는 경우와 앞에 오는 경우이다. 앞에 오는 경우는 에저훼가 붙게 되어, 발음이 첨가된다.

من خودم این کتاب را نوشتم.

[man khodam in ketãb rã neveshtam.] 나는 스스로 이 책을 썼다.

شما خودتان این را می برید؟

[shomã khodetãn in rã mibarid?] 당신은 당신 스스로(자신이)가 이것을 가지고 갑니까?

پدرم خودش گفت.

[pedaram khodesh goft.] 나의 아버지는 스스로 (자신이) 말했다.

ما پدر خود را دوست داریم.

[mã pedare khod rã dust dãrim.] 우리들은 자신의 아버지를 좋아한다.

او با ماشین خود به آنجا رفت.

[u bã mãshin e khod be ãnjã raft.] 그는 자신의 자동차로 그곳으로 갔다.

2. 부정(不定) 대명사

수와 양에 있어, ' 누군가', '얼마인가', '어떤...', '일부의...', 긍정과 부정에 있어, '아무것도.... 아닌', '누구도... 아닌' 와 '전부의', '각각의', '다른 것의' 등 불특정한 대상을 지칭할 때 활용되는 대명사, 명사, 형용사 때로는 부사로 기능한다.

① فرد [fard], شخص [shakhs], کس [kyas] '누군가', '어떤 사람', '누구'

فردی که...	[fardi ke...]	.....한 누군가 = ... 한 어떤 사람
شخصی آمد.	[shakhsi ãmad'.]	누군가(=어떤 사람이) 왔다.
کسی هست؟	[kyasi hast?]	누구 있어요?(=계세요?)

② یکی [yeki] '누군가', '어떤 사람', '아무개', '하나', یکی یکی [yeki yeki] '하나씩'

یکی با شما کار دارد.

[yeki bã shomã kãr dãrad.] 누가 당신과 볼 일이 있다.

یکی یکی وارد اطاق شدند.

[yeki yeki vãred e otãq shodand.] (그들은) 한 명 한 명씩 방으로 들어왔다.

③ ... یکی از [yeki az...] '...중의 하나' 뒤에는 반드시 복수형이 온다.

یکی از آنها گفت.

[yeki az ãnhã goft.] 그들 중 한 사람이 말했다.

یکی از شهرهای تاریخ ایران

[yeki az shahrhã ye tãrikh e irãn] 이란의 역사적인 도시들 중의 하나

④ چیز [chiz] '것', '일', '무엇인가', '어떤 물건'

چیز خوبی پیدا کردید؟

[chiz e khubi peidã kyardid?] (당신은) 무엇인가 좋은 것 찾았어요?

چیزی نیست.

[chizi nist.] 아무것도 아니다, 별 것 아니다.

⑤ همه [hame] '전부', '전부의'

명사 또는 형용사로 활용된다. 형용사로서 명사 앞에 위치할 때는 에자훼가 붙지 않는다. 그러나 명사로 활용될 때는 에자훼가 붙는다.

فردا همه به موزه ی ملی ایران می روند.

[fardã hame be muze ye melli ye irãn miravand.] 내일 모두 이란국립박물관에 갈 것이다.

همه ی مردم به او تبریک گفتند.

[hame ye mardom be u tabrik goftand.] 사람들 모두 그에게 축하의 말을 했다.

همه شب	[hame shab]	온 밤, 밤새 내내
همه ی شهر	[hame ye shahr]	도시 모두, 도시 전부
همه کس	[hame kyas]	모든 사람
همه چیز	[hame chiz]	모든 것
همه جا	[hame jã]	모든 곳

⑥ تمام [tamãm] '모두', '전부', '모두의', '전부의'

명사의 앞에 오거나 뒤에 오거나 에저훼를 취한다. 때로는 부사로 활용되기도 한다.

تمام ایرانیان	[tamãm e irãniyãn]	이란인 모두
تمام روز	[tamãm e ruz]	온 종일
بیست سال تمام	[bist sãl e tamãm]	만 20살[1)]
آن را تمام خورد.	[ãn rã tamãm khord.]	(그는) 그것을 전부 다 먹었다.

⑦ هر [har] '매(每)', '각각의'

형용사로서 반드시 명사 앞에 위치한다. 그러므로 에저훼는 취하지 않는다.

هر روز	[har ruz]	매일
هر هفته	[har hafte]	매주
هر سال	[har sãl]	매년
هر کس	[har kyas]	누구라도 모두
هر جا	[har jã]	어디라도
هر موقع	[har moqe']	언제나, ...할 때마다
هر وقت	[har vaqt]	언제나, ...할 때마다
هر یک از...	[har yek az...]	...누구라도 모두, ...어느 것이나 모두, 모두
هر کدام از...	[har kodãm az...]	...어느 것이라도 모두, 모두, 전부
هر یک	[har yek]	전부, 각자, 각각

1) 꽉 찬 20년이라는 의미이다.

هر کدام	[har kodãm]	전부, 각자, 각각
هر کس	[har kyas]	누구나 다, 각자, 각각

هر یک کوشش می کرد.

[har yek kushesh mikyard.] 각자 노력하고 있었다.

مریم و مینا هر دو دانشجو هستند.

[maryam va minã har do dãneshju hastand.] 마르얌과 미너는 둘 다 대학생이다.

⑧ دیگر [digyar] '다른', '다음', '앞으로 올'

هفته ی دیگر [hafte ye digyar] 다음 주

دیگران رفتند.

[digyarãn raftand.] 다른 사람들은 갔다.

دیگرها را می خواهم.

[digyarhã rã mikhãham.] (나는) 다른 것들을 원한다.

کسی دیگر را صدا کنید.

[kyasi digyar rã sedã konid.] 누군가 다른 사람을 부르세요.

دیگر نمی خورم.

[digyar nemikhoram.] (나는) 더 이상 먹지 않는다.

دیگر 가 부정형 동사와 결합되면 '더 이상 ....않는다'의 의미가 된다.

یکدیگر	[yek digyar]	서로서로, 상호
هم دیگر	[ham digyar]	서로서로, 상호

⑨ هیچ [hich] '아무 것도....아니다', '아무 것', '어떤', '여하한', '조금도'

명사와 형용사로서 부정형 동사와 활용된다.

هیچ کتابی نیست. [hich ketãbi nist.] 어떤 책도 없다

من هیچ نگفتم. [man hich nagoftam.] 나는 아무 말도 하지 않았다.

من از هیچ نمی ترسم. [man az hich nemitarsam.] 나는 아무 것도 두렵지 않다.

هیچ کس آمد؟ [hich kyas ãmad?] 누군가 왔어요?

دیروز به بازار رفتم اما هیچ چیز نخریدم.

[diruz be bãzãr raftam ammã hich chiz nakharidam.] 어제 (나) 시장에 갔지만 아무것도 사지 않았다.

هیچ کدام [hich kodãm] 어느 것도 (아닌), 어느 쪽도 (아닌), 어떤 것도

هیچ یک [hich y다] 어느 것도 (아닌), 어느 쪽도 (아닌), 누군가, 어떤 것도

هیچ یک از آنها نمی خواهد.

[hich yek az ãnhã nemikhãhad.] (그는) 그것들 중 어떤 것도 원하지 않는다.

من هیچگاه این روز را فراموش نخواهم کرد.

[man hichgãh in ruz rã farãmush nakhãham kyard.] 나는 이 날을 결코 잊지 않을 것이다.

⑩ فلان [folãn] '모(某)', '아무개', '여차여차한', '이러이러한'

명사 또는 형용사로 활용된다. 자세히 지칭하고 싶지 않은 인물이나 행위 혹은 사물을 가리킬 때 사용한다.

فلان کس	[folãn kyas]	아무개, 여차여차한 사람
فلان جا	[folãn jã]	모처(某處)
منزل فلانی	[manjel e folãni]	아무개의 집, 모씨의 집

فلانی احوال ترا می پرسید.

[folāni ahvāl e torā miporsid.] 아무개가 너의 안부를 물었다.

⑪ چند [chand] '몇몇인가', '어느 정도 인가', '수개의...'와 چندی [chandi] '조금, 조금의' 의문사와 혼동해서는 안된다. چند 다음에 오는 명사는 단수가 된다.

چند کیلو خرما	[chand kilo khormā]	몇 kg의 대추야자
چند کتاب	[chand ketāb]	몇 권의 책, 수 권의 책
چند نفر	[chand nafar]	어느 정도의 사람, 수인(數人)
چندی پیش	[chandi pish]	조금 전에, 잠시 전에
... چندی است که	[chandi ast ke ....]	....하는 것이 조금이다

چندی نگذشت که...

[chandi nagozasht ke...] ....하고(하는데) 얼마 지나지 않아 ....하고 금방이다.

⑫ بعضی [ba'zi] '일부', '어느 정도', برخی [barkhi] '일부', '어느 정도'

....بعضی می گفتند [ba'zi migoftand ...] 일부 사람들은 .....라고 말하고 있었다.

بعضی رفتند بعضی ماندند.

[ba'zi raftand ba'zi māndand.] 일부는 갔고, 일부는 남았다.

بعضی اوقات [ba'zi ouqāt]	때때로[2]
بعضی کتابها [ba'zi ketābhā]	일부 책들, 몇 권의 책들

2) 직역을 하면, '일부 시간들'이란 의미이다.

برخی می گویند که..... .

[barkhi miguyand ke.... .] 일부 사람들은 .....말하고 있다.

⑬ بعضی از [ba'zi az] '...일부의', برخی از [barkhi az] '....일부의'

یکی از 와 동일하게 뒤에는 반드시 명사의 복수형이 온다.

بعضی از آنها به کره رفتند.

[ba'zi az ãnhã be kore raftand.] 그들 중의 일부는 한국으로 갔다.

برخی از شما آن را نمی خواهند.

[barkhi az shomã ãn rã nemikhãhand.] 당신들 중의 일부는 그것을 원하지 않는다.

⑭ سایر [sãyer] '나머지 것', '나머지 사람', '나머지', '다른 사람', '다른 것', '그 밖의 것'

سایر مردم	[sãyer e mardom]	나머지 사람들, 남아있는 사람들
سایر کتابها	[sãyer e ketãbhã]	나머지 책들, 남아있는 책들

14

의문사

이란(페르시아)어의 의문사는 آیا [ãyã]와 같은 의문대명사와 의문부사가 있다. 평서문에 의문 부호를 붙이고 문미를 올려서 발음하면 의문문이 된다. 그러나 의문사가 있는 의문문은 문장 끝을 내려서 발음한다. 의문사는 보통 단수형이지만 명사로 활용되는 경우나 복수의 형태를 강조하는 경우에는 임시로 복수형 어미를 붙여 사용하기도 한다. 복수형 어미가 붙은 의문사가 직접목적어가 되는 경우, 일상적으로 후치사 را [rã]를 넣는다.

① **چه** [che] '무엇', '어떤'

의문대명사와 형용사로 활용된다. 형용사로 활용되는 경우는 반드시 명사 앞에 위치한다. 구어에서는 **چی** [chi]로 발음한다. است [ast]와 결합하여, **چیست** [chist]가 된다.

این **چیست**؟ [in chist?] 이것은 무엇입니까?

اسم شما **چیست**؟ [esm e shomã chist?] 당신의 이름은 무엇입니까?

برای چه به آنجا رفتید؟

[barãye che be ãnjã raftid?] (당신은) 무엇 때문에 그곳에 갔습니까?

علی از چه تعجب کرد؟

['ali az che ta'ajjob kyard?] 알리는 무엇 때문에 놀랐어요?

چه [che]가 형용사로 명사 앞에 위치하면, '어떤', '어떠한', 무슨'의 의미가 되고, 그 명사에는 부정어미 ...ی [...i]가 붙는다. 그러나 반드시 다 붙는 것은 아니다. 명사의 종류, 상태, 형상 등을 묻는 의문형용사가 된다.

چه کتابی خواندند؟ [che ketãbi khãndand?] (그들은) 어떤 책을 읽었습니까?

چه کسانی آمدند؟ [che kyasãni ãmadand?] 어떤 사람들이 왔습니까?

پدر بزرگتان چه کسی بود؟

[pedar bozorgetãn che kyasi bud?] 당신의 할아버지는 어떤 분이셨습니까?

او در چه سنی در گذشت؟

[u dar che senni dar gozasht?] 그는 몇살에 죽었습니까?

چه کار دارید؟	[che kãr dãrid?]	(당신은) 무슨 용무가 있습니까?
به چه علت؟	[be che 'ellat?]	어떤(무슨) 이유로?
چه اندازه	[che andãze]	어느 정도
چه وقت	[che vaqt]	언제, 몇 시에

چه [che]는 양, 정도, 방법 등을 의미하는 명사와 결합하여 복합의문사가 되면, 묵음의 ه [he]는 탈락하고 연결한다.

چقدر [cheqadr] '어느 정도, 얼만큼', چطور [chetour]/ چگونه [chegune] '어떻게'

چقدر می خواهید؟ [cheqadr mikhãhid?] (당신은) 어느 정도 원합니까?

این مانتو چقدر می شود؟ [in mãnto cheqadr mishavad?] 이 망토는 얼마입니까?

حال شما چطور است؟ [hãl e shomã chetour ast?] 당신의 건강은 어떠세요?[1)]

چگونه آن را خریدید؟ [chegune ãn rã kharidid?] (당신은) 어떻게 그것을 샀습니까?

---

1) 상대방에게, '안녕하세요?'의 의미이다.

② که [ke], کی [ki] '누구'

کی [ki]는 구어로 많이 활용되지만, 최근에는 문어로도 많이 활용한다. است [ast]와 결합하여, کیست [kist] '누구입니까'가 된다. 복수형은 کیان [kiyãn], کیها [kihã]가 된다.

آن مرد کیست؟ [ãn mard kist?] 그 남자는 누구입니까?

کی آمد؟ [ki ãmad?] 누가 왔어요?

کیها آمدند؟ [kihã ãmadand?] 누가 왔단 말인가요?[2]

کیها را دیدید؟ [kihã rã didid?] (당신은) 누구를 만났단 말인가요?[3]

با کی به سینما رفتید؟ [bã ki be sine/a/mã raftid?] (당신은) 누구와 영화관에 갔었습니까?

این مداد مال کیست؟ [in medãd mãl e kist?] 이 연필은 누구의 것 입니까?

کیان خوبند؟ [kiyãn khuband?] 누가(누구들이) 좋다는 말인가요?[4]

③ کی [kei] '언제'

موزه ی فرش کی باز می شود؟

[muze ye farsh kei bãz mishavad?] 카페트 박물관은 언제 여나요?

تا کی اینجا هستید؟

[tã kei injã hastid?] (당신은) 언제까지 여기에 있는(있을) 겁니까?

از کی در آنجا بودند؟

[az kei dar ãnjã budand?] (그들은) 언제부터 그곳에 있었습니까?

---

2) 주어가 복수이며, 문장 전체는 강조의 의미가 있다.

3) 복수형 어미가 목적어가 되어 목적격 조사 را [rã]가 활용되고, 강조의 의미가 있다.

4) 술부동사인 اند خوب 를 붙여 쓴 경우이다. 주어는 복수이며, 문장을 강조한 표현이다.

④ کجا [kojã] '어디', '어디에서'

کجا [kojã]는 그 자체가 '어디에', '어디에서'의 의미를 가지고 있기 때문에, 전치사 به [be] '...로', '...으로', '...에'를 생략하는 경우가 많다.

کجا رفتید؟ [kojã raftid?] (당신은) 어디 갔었어요?

از کجا آمدید؟ [az kojã ãmadid?] (당신은) 어디로부터 왔습니까?[5]

آنها کجا زندگی می کنند؟ [ãnhã kojã zendegi mikonand?] 그들은 어디에 살고 있습니까?

کجایتان درد می کند؟ [kojãyetãn dard mikonad?] 당신의 어디가 아픕니까?

او از کجاست؟ [u az kojãst?] 그는 어디 출신입니까?

تا کجا خواندید؟ [tã kojã khãndid?] (당신은) 어디까지 읽었습니까?

کجاها را دیدید؟ [kojãhã rã didid?] (당신은) 어디 [6]를 보았습니까?

구어에서는 کو [ku]를 쓴다. 이 경우 بودن [budan] 등의 동사는 통상적으로 생략하고 활용한다.

مادرتان کو؟ [mãdaretãn ku?] 당신의 어머니는 어디 (있습니까)?

کجا [kojã]에 부정관사 ...ی [⋯i]를 붙인 کجایی [kojãy[7]i] '어디 사람'은 출신을 의미한다.

شما کجایی هستید؟ [shomã kojãyi hastid?] 당신은 어디 출신입니까?

آنها کجایی اند؟ [ãnhã kojãyi and?] (그들은) 어디 출신입니까?

او کجایی است؟ [u kojãyi ast?] 그는 어디 출신입니까?

---

5) 어디 출신을 의미하기도 한다.
6) 복수형으로 '장소들'을 의미한다.
7) 모음충돌을 막기 위한 자음이 첨가된다.

⑤ کدام [kodãm] '어느 것', '어느 쪽의 것'

کدام [kodãm]은 명사적 기능과 형용사적 기능을 한다. 명사적으로 활용된 کدام 이 직접목적어가 된 경우, 후치사 را [rã]를 붙인다. 그리고 '...의 어느 쪽', '...의 어느 것'을 표현할 때는 비분리인칭대명사를 활용한다.

کدام دختر سارا است؟ [kodãm dokhtar sãrã ast?] 어느 딸이 싸러입니까?

کدام خانه را خریدید؟ [kodãm khãne rã kharidid?] (당신은) 어느 집을 샀습니까?

کیف شما کدام است؟ [kif e shomã kodãm ast?] 당신의 가방은 어느 것입니까?

کدامشان خوب است؟ [kodãmeshãn khub ast?] 그것들 중 어느 것이 좋습니까?

شما کدامشان را می خرید؟ [shomã kodãmeshãn rã mikharid?] 당신은 그것들 중 어느 것을 사겠습니까?

به کدام شهر رفت؟ [be kodãm shahr raftid?] (그녀는) 어느 도시로 갔습니까?

کدام یک را می خواهید؟ [kodãm yek rã mikhãhid?] (당신은) 어느 것을 원합니까?

⑥ چرا [cherã] '왜'

چرا دیر آمدی؟

[cherã dir ãmadi?] (너는) 왜 늦게 왔니?

چرا اینجا را انتخاب کردید؟

[cherã injã rã entekhãb kyardid?] (당신은) 왜 이 장소를 선택했습니까?

دیروز چرا نیامدید؟

[diruz cherã nayãmadid?] (당신은) 어제 왜 오지 않았습니까?

⑦ چند [chand] '얼마', '얼마의', '어느 정도'

چند [chand]는 단독으로 쓰면 '얼마', '얼마의', '어느 정도'의 의미이지만, 관형사인 تا [tã], نفر [nafar] 등의 명사와 함께 쓰면 '몇의...'의 의미가 된다.

این چند است؟

[in chan ast?] 이것은 얼마입니까?

این را چند خریدید؟

[in rã chand kharidid?] (당신은) 이것을 얼마에 샀습니까?

چند سال دارید؟

[chand sãl dãrid?] (당신은) 몇 살 입니까?

چند روز در اینجا ماند؟

[chand ruz dar injã mãnd?] (그녀는) 이곳에 며칠간 머물렀습니까?

چند نفر در مهمانی بودند؟

[chand nafar dar mehmãni budand?] 파티에는 몇 명 있었습니까?

چند تا لازم است؟

[chand tã lãzem ast?] 몇 개 필요합니까?

چند ساعت طول می کشد؟

[chand sã'at tul mikeshad?] 몇 시간 걸립니까?

چند در صد؟

[chand dar sad?] 몇 %입니까?

⑧ مگر [magyar] '설령 .... 라는'

مگر [magyar]는 영어의 부가의문문처럼 의도를 강조하는 의문을 나타낼 때 사용한다.

مگر شما دانشجو هستید؟

[magyar shomã dãneshju hastid?] 당신이 대학생이란 말입니까? (부정의 답을 유도하는 의미)

مگر خود شما این پیشنهاد را نکردید؟

[magyar khod e shomã in pishnehãd rã nakyardid?] 설마 당신이 직접 이 제안을 했던 것은 아니겠지요? (긍정의 답을 유도하는 의미)

مگر آنجا بودید؟

[magyar ãnjã budid?] (당신은) 그곳에 있었단 말입니까? (부정의 답을 유도하는 의미)

شما هم می آیید، مگر نه؟

[shomã ham miyãyid, magyar na?] 당신도 올 거지요, 그렇지요?

چطور مگر؟

[chetour magyar?] 어찌된 일입니까?

15

접속사

이란(페르시아)어의 접속사에는 등위접속사와 종속접속사가 있다.

1. 등위접속사

① و [va], [o] '과', '그리고' , '그래서'

و 의 발음이 [o]가 되는 경우는 단어와 단어, [va]가 되는 경우는 문장과 문장 또는 구와 구로 구성되어 있을 때를 구분하여 발음한다. 그러나 [va], [o]의 읽는 방법이 명확하지 않기 때문에, 감각적으로 문장의 단락이 강하게 느껴지면 [va]로, 그렇지 않으면 [o]로 읽는다.

زن و مرد	[zan o mard]	여자와 남자, 부부
پدر و مادر	[pedar o mãdar]	부모
زن و شوهر	[zan o shouhar]	부부, 아내와 남편
منزل بزرگ و زیبا	[manzel e bozorg o zibã]	아름답고 큰 집

به باغ رفت و آن پسر را دید.

[be bãgh raft va ãn pesar rã did.] (그는) 정원으로 갔다 그리고 (그래서) 그 소년을 만났다.

من خودکار را از روی میز برداشتم و شروع به نوشتن کردم.

[man khodkãr rã az ruye miz bardãshtam va shoru' be neveshtan kyardam.] 나는 볼펜을 책상 위에서 집어서 쓰기 시작했다.

② یا [yã] '혹은', '어느 쪽', یا ... یا... [yã... yã...] '...인가 ...인가', '어느 쪽인가'

چای میل دارید یا قهوه؟

[chãy meil dãrid yã qahve?] (당신은) 홍차가 좋습니까 혹은 커피가(좋습니까)?

ناهید یا مریم بیاید.

[nãhid yã maryam biyãyad.] 너히드이든 마르얌이든 오겠지요.

وقت دارید یا نه؟

[vaqt dãrid yã na?] (당신은) 시간이 있습니까 없습니까?

یا بنشین یا برو.

[yã beneshin yã borou] (너는) 앉든지 가든지 (어느 쪽이든 해라)

یا این مداد بگیرید یا آن قلم.

[yã in medãd begirid yã ãn qalam.] (당신은) 이 연필이든 저 펜이든 집으세요.

③ پس [pas] '그래서', '그러므로', '그로 인해', '그러면'

برادرم نرفت، پس من هم نرفتم.

[barãdaram naraft, pas man ham naraftam.] 내 동생은 가지 않았다 그래서 나도 가지 않았다.

پس چرا نیامد؟

[pas cherã nayãmad?] 그렇다면 (그, 그녀) 왜 오지 않았지?

④ ولی [vali], اما [ammã], لیکن [likyan], ولیکن [valikyan] '그러나', '하지만', '그렇지만'

او می خواست برای تحصیل به ایران برود ولی پول نداشت.

[u mikhãst barãye tahsil be irãn beravad vali pul nadãsht.]
그는 공부를 위해 이란으로 가길 원했다 그렇지만 돈이 없었다.

دختر دارم اما پسر ندارم.

[dokhtar dãram ammã pesar nadãram.] (나는) 딸이 있지만 아들은 없다.

فردا به دفتر می آیم ولیکن باید به جلسه بروم.

[fardã be daftar miãyam valikyan bãyad be jalase beravam.]
내일 (나는) 사무실에 가지만 회의에 가지 않으면 안된다.

⑤ بنابر این [banãbar in], به همین خاطر [be hamin khãter], از این سبب [az in sabab], بدین سبب [bedin sabab] '그러므로', '그로 인해', '그러니까'

می خواستم زودتر به خانه برگردم، بنابر این به خانه ی حسن نرفتم.

[mikhãstam zudtar be khãne bargyardam, banãba in be khãne ye hasan naraftam.] (나는)집으로 좀 더 빨리 돌아가기를 원해서 하산의 집에 가지 않았다.

می خواست فارسی را یاد بگیرد به همین خاطر به ایران رفت.

[mikhãst fãrsi rã yãd begirad be hamin khãter be irãn raft.] (그는) 이란어를 배우고 싶어 이란에 갔다.

⑥ نه...بلکه... [na... balke...] '...아니고 ....'

او کتاب نمی خواند بلکه خوابیده است.

[u ketãb nemikhãnd balke khãbide ast.] 그는 책을 읽지 않았고 (오히려) 잤다.

⑦ نه تنها ... بلکه ... هم.. [na tanhã...balke...ham], نه فقط ...بلکه... نیز... [na faqat... balke...niz...] '...뿐만 아니고 .....도...'

آقای محسن نه تنها پزشک خوبی است بلکه نویسنده ی مشهوری هم هست.

[ãqãye mohsen na tanhã pezeshk e khubi ast balke nevisande ye mashhuri ham hast.] 모흐센씨는 좋은 의사일 뿐 아니라 유명한 작가이기도 하다.

او نه فقط ساعی است بلکه مؤدب نیز است.

[u na faqat sã'i ast balke mo'addab niz ast.] 그는 근면할 뿐 아니라 예절도 바르다.

2. 종속접속사

① وقتی [vaqti], وقتیکه [vaqtike], چون [chun], زمانیکه [zamãnike], هنگامیکه [hangãmike], موقعی که [moqe'i ke] '... 할 때'

وقتی مرد آمد دوست من رفت.

[vaqti mard ãmad dust e man raft.] 남자가 왔을 때 내 친구는 갔다.

وقتیکه مرا دید گریه کرد.

[vaqtike marã did gerye kyard.] (그녀는) 나를 보았을 때 울었다.

چون بچه ها خوابیدند، به سینما می رویم.

[chun bachchehã khãbidand, be sinemã miravim.] 아이들이 잘 때 (우리는) 영화관에 갈 것이다.

② همینکه [haminke], به محض اینکه [be mahz inke], '... 하자마자'

همینکه او را دیدم فرار کردم.

[haminke u rã didam farãr kyardam.] (나는) 그를 보자마자 도망쳤다.

به محض اینکه پلیس دزد را دید او را دستگیر کرد.

[be mahz inke polis dozd rã did u rã dastgir kyard.] 경찰은 도둑을 보자마자 체포했다.

③ چون [chun], از بسکه [az baske] '... 이므로'

چون مریض بودم بیرون نرفتم.

[chun mariz budam birun naraftam.] (나는) 아파서 밖에 나가지 않았다.

از بسکه خسته بودم نمی توانستم هیچ کار کنم.

[az baske khaste budam nemitavãnestam hich kãr konam.] (나는) 피곤해서 아무 일도 할 수 없었다.

از بس که راه رفتیم خسته شدیم.

[az bas ke rãh raftim khaste shodim.] (우리는) 길을 너무 걸어서 피곤했다.

④ چون [chun, chon], چونکه [chunke, chonke], زیرا [zirã], زیراکه [zirãke], از اینکه [az inke], از آنکه [az ãnke], چرا که[cherã ke], چه [che] '왜냐하면. ...이기 때문에'

با تو به گردش نمی آییم چون کارمهمی داریم.

[bã to be gyardesh nemiãyim chun kãr e mohemmi dãrim.] (우리는) 너와 구경하러 가지 않을거다 왜냐하면 중요한 일이 있기 때문이다.

لباس نخرید چه پول نداشت.

[lebãs nakharid che pul nadãsht.] (그녀는) 옷을 사지 않았다 왜냐하면 돈이 없었다.

نمی توانستند بروند زیرا که مریض بودند.

[nemitavãnestand beravand zirãke mariz budand.] (그들은) 갈 수 없었다 왜냐하면 아팠기 때문이다.

با شما به سینما نمی آیم چونکه سرما خورده ام.

[bã shomã sinemã nemiãyam chunke sarmã khorde am.] (나는) 당신과 영화관에 가지 않겠다 왜냐하면 감기에 걸렸기 때문이다.

⑤ با اینکه [bã inke], با آنکه [bã ãnke], با وجودیکه [bã vojudike], با وجود اینکه [bã vojud inke], چندانکه [chandãnke] '...임에도 불구하고'

با وجود اینکه تب دارد، به دانشگاه می رود.

[bã vojud inke tab dãrad, be dãneshgãh miravad.] (그녀는) 열이 있음에도 불구하고 학교에 간다.

دیروز مریم با وجودیکه سرما خورده بود ولی به اداره رفت.

[diruz maryam bã vojudike sarmã khorde bud vali be edãre raft.] 어제 마르얌은 감기에 걸렸음에도 불구하고 사무실에 갔다.

با اینکه گرسنه بود نان را نگرفت.

[bã inke gorosne bud nãn rã nagereft.] (그는) 배가 고팠음에도 불구하고 빵을 집지 않았다.

⑥ اگرچه [agyar che], گر چه [gyar che], اگر هم [agyar ham], هر چند [har chand] '가령 ... 일지라도, 설령 ... 일지라도, ... 이지만. ...에 불구하고'

اگر چه ساسان تنبل بود ولی در امتحان قبول شد.

[agyar che sãsãn tambal bud vali dar emtehãn qabl shod.] 써썬이 게을렀음에도 불구하고 시험에 통과했다.

اگر هم آن را دیده باشید، باز هم نمی توانم باور کنم.

[agyar ham ãn rã dide bãshid, bãz ham nemitavãnam bãvar konam.] (당신이) 그것을 보았을지라도 그래도 나는 믿을 수 없다.

این لباس اگر چه ارزان است اما جنسش بد نیست.

[in lebãs agyar che arzãn ast ammã jensesh bad nist.] 이 옷은 싸지만 품질은 나쁘지 않다.

اگر چه میان ما سابقه ی دوستی نیست ولی امیدوارم که خواهش مرا بپذیرید.

[agyar che miyãn e mã sãbeqe ye dusti nist vali omidvãram ke khãhesh e ma rã bepazirid.] 설령 우리 사이에 우정이 지금까지 없었다고 해도 (나는) 나의 요청을

(당신이) 받아들여 주기를 희망한다.

⑦ هر چه [har che], '아무리 ... 해도', هر چه ...تر... تر [har che ...tar... tar] '...하면 ... 한 만큼(할수록)... 하다'

هر چه گشتیم او را پیدا نکردیم.

[har che gyashtim u rã peidã nakyardim.] (우리는) 아무리 찾았어도 그를 찾지 못했다.

هر چه مشکل باشد، سعی می کنم.

[har che moshkel bãshad, sa'i mikonam.] 아무리 어려울 지라도 (나는) 노력할 것이다.

هر چه زودتر بهتر.

[har che zudtar behtar.] 빠르면 빠를수록 좋다.

هرچه بیشتر کار کنی، بیشتر مزد خواهی گرفت.

[har che bishtar kãr koni, bishtar mozd khãhi gereft.] (너는) 더 많은 일을 할수록 더 많은 보상을 받을 것이다.

⑧ آنقدر ... که [ãnqadr... ke], چنان ... که [chonãn...ke], '매우.... 하기 때문에'

میکروبها آنقدر کوچک اند که ما آنها را نمی بینیم.

[mikrobhã ãnqadr kuchek and ke mã ãnhã rã nemibinim.] 세균들은 너무 작아서 우리들은 그것들을 보지 못한다.

هوا چنان سرد بود که زودتر آمدیم.

[havã chonãn sard bud ke zudtar ãmadim.] 날이 매우 차가워서 (우리는) 더 일찍 왔다.

⑨ برای اینکه [barãye inke], برای آنکه [barãye ãnke], '...하기 위해서'

برای اینکه دندانها سالم بماند روزی سه بار آنها را مسواک می زنم.

[barãye inke dandãnhã sãlem bemãnad ruzi se bãr ãnhã rã mesvãk mizanam.] 치아를 건강하게 하기 위해서 (나는) 하루에 3번 이를 닦는다.

⑩ پس از اینکه (آنکه) [pas az inke(ãnke)], بعد از اینکه (آنکه) [ba'd az inke(ãnke)], '.... 한 후에'

بعد از اینکه همه رفتند به منزلم برگشتم.

[ba'd az inke hame raftand be manzelam bar gyashtam.] 모두 간 후에 (나는) 나의 집으로 돌아갔다.

پس از اینکه تحصیلم را تمام کنم در بانک کار خواهم کرد.

[pas az inke tahsilam rã tamãm konam dar bãnk kãr khãham kyard.] (나는) 나의 공부를 마친 후에 은행에서 일할 것이다.

⑫ پیش از اینکه (آنکه) [pish az inke(ãnke)], قبل از اینکه (آنکه) [qabl az inke(ãnke)], '....하기 전에'

قبل از اینکه باران بیاید برگردیم.

[qabl az inke bãrãn biyãyad bargyardim.] 비가 오기 전에 (우리는) 돌아갑시다.

پیش از اینکه شما تلفن کنید، برادرتان به من تلفن کرد.

[pish az inke shomã telefon konid, barãdaretãn be man telefon kyard.] 당신이 전화하기 전에, 당신의 형제가 나에게 전화했다.

⑬ مثل اینکه (آنکه) [mesl e inke(ãnke)], گویی که [guyi ke], '마치... 같은'

او صحبت کرد مثل اینکه مرا می شناخت.

[u sohbat kyard mesl e inke marã mishenãkht.] 그는 마치 나를 알고 있었던 것처럼 말했다.

او هنوز در جمع پول حریص است گویی که تا ابد خواهد زیست.

[u hanuz dar jam' e pul haris ast guyi ke tã abad khãhad zist.] 그는 마치 영원히 살 것처럼 아직 돈을 모으는데 탐욕스럽다.

⑭ در حالی که [dar hãli ke], در ضمن اینکه [dar zemn e inke], '.... 하면서'

علی در حالی که کتابش را بست، گفت.

['ali dar hãli ke ketãbesh rã bast, goft.] 알리는 책을 닫으면서 말했다.

در ضمن اینکه صحبت می کرد دانه های تسبیح را بین انگشتانش می چرخاند.

[dar zamn e inke sohbat mikyard dãnehã ye tasbih rã bein e angoshtãnesh micharkhãnd.] (그는) 말을 하면서 염주의 알들을 손가락 사이로 돌리고 있었다.

⑮ به جای اینکه [be jãye inke], به عوض اینکه [be 'avaz e inke], '...하는 대신에'

پرویز به جای اینکه درس می خواند، بازی می کند.

[parviz be jãye inke dars mikhãnad, bãzi mikonad.] 파르비즈는 공부하는 대신에 놀고 있다.

به عوض اینکه این لباس را انتخاب نمی کند، برای دختر خود عروسک را می خرد.

[be 'avaz e inke in lebãs rã entekhãb nemikonad, barãye dokhtar e khod 'arusak rã mikharad.] (그, 그녀는) 이 옷을 선택하지 않는 대신에, 자신의 딸을 위해 인형을 산다.

⑯ در صورتیکه [dar suratike] , '.... 의 경우에는', '.... 한 상황에서는'

این تابلو از دورخیلی قشنگ است، در صورتیکه از نزدیک زشت.

[in tãblo az dur kheili qashang ast, dar suratike az nazdik zesht.] 이 그림은 멀리서는 매우 아름답다, 가까이 있는 상황에서는 밉다.

⑰ بدون اینکه [be dun e inke], بی آنکه [bi ãnke], '... 없이'

او بدون اینکه اسمش را هم به کسی بگوید، رفت.

[u bedune inke esmesh rã ham be kyasi beguyad, raft.] 그(그녀)는 그(그녀)의 이름을 아무에게도 말하지 않고 가버렸다.

اتومبیلی خریدم بدون اینکه پدرم بفهمد.

[otomobili kharidam bedun e inke pedaram befahmad.] (나는) 아버지 모르게 자동차를 샀다.

او بی آنکه به پدر و مادرش خبر بدهد به سفر رفت.

[u bi ãnke be pedar va mãdaresh khabar bedahad be safar raft.] 그녀는 부모님에게 알리지 않고 여행을 떠났다.

⑱ از آن ... که [az ãn... ke], '...인 것보다는'

او بزرگتر از آن است که من فکر کردم.

[u bozorgtar az ãn ast ke man fekr kyardam.] 그녀는 내가 생각했던 것보다 나이가 많다.

⑲ مگر اینکه (آنکه) [magyar inke(ãnke)], '...이 아니면', '....를 제외하고', '...이외는', '만일 .... 아니라면'

من شما سفر نمی برم مگر اینکه هر چه گفتم قبول کنید.

[man shomã safar nemibaram magyar inke har che goftam qabl konid.] 나는 당신이 내가 했던 말을 전부 받아들이지 않는다면 여행을 데리고 가지 않을 것이다.

این شاگرد هیچ عیبی ندارد مگر اینکه غالباً دیر می آید.

[in shãgyerd hich 'eibi nadãrad magyar inke ghãleban dir miãyad.] 자주 늦게 오는 것을 제외하면 이 학생은 전혀 결점이 없다.

من نمی روم مگر اینکه شما هم بیایید.

[man nemiravam magyar inke shomã ham biyãyid.] 당신도 오지 않으면 나는 가지 않을 것이다.

⑳ خواه ... خواه ... [khãh... khãh...], چه ... چه ... [che... che...] '....이든 ....이든'

동일한 동사일 경우는 뒤에 오는 동사를 생략한다.

خواه گران باشد خواه ارزان من آن را خواهم خرید.

[khãh gerãn bãshad khãh arzãn man ãn rã khãham kharid.] (그것이) 비싸든 싸든 나는 그것을 살 것이다.

خواه امروز بیایید، خواه فردا، می توانید آقای پورنامداریان را ببینید.

[khãh emruz biyãyid, khãh fardã, mitavãnid ãqãye purnãmdãryãn rã bebinid.] (당신은) 오늘 오든 내일 오든, 푸르넘더리연 씨를 만날 수 있다.

چه از این راه بروی، چه از آن راه مسافت یکی است.

[che az in rãh beravi, che az ãn rãh mosãfat yeki ast.] (네가) 이 길로 가든, 저 길로 가든 거리는 같다.

چه حرف بزنید، چه سکوت بکنی، محکوم خواهید شد.

[che harf bezanid, che sokhut bekoni, mahkum khãhid shod.] (당신이) 말을 하든 침묵을 지키든 판결을 받을 것이다.

㉑ مبادا [mabãdã] '.... 하지 않도록', '....하지 않을까하고...'

آهسته حرف بزنید مبادا کسی بیدار شود.

[ãheste harf bezanid mabãdã kyasi bidãr shavad.] 누가 깨지 않도록 (당신은) 조용히 말하세요.

من می ترسم مبادا آنرا فراموش کند.

[man mitarsam mabãdã ãn rã farãmush konad.] 나는 (그가) 그것을 잊어버리지 않을까 두렵다.

㉒ که [ke]

که [ke]는 접속사로 활용되는 용법이 많다.

i 명사절 '...라고 하는 것(일)'

보어 혹은 동사의 목적어가 되어 명사절을 이끈다. 이 경우, که [ke]를 생략하기도 한다.

شنیدم که مادرش بیمار است.

[shenidam ke mãdaresh bimãr ast.] 그의 어머니가 아프다고 (나는) 들었다.

به او گفتم که فردا باهم به بازار برویم.

[be u goftam ke fardã bã ham be bãzãr beravim.] 내일 함께 시장에 가자고 (나는) 그에게 말했다.

می دانستم که او نخواهد آمد.

[midãnestam ke u nakhãhad ãmad.] (나는) 그가 오지 않을 것을 알고 있었다.

معلوم شد که راست می گوید.

[ma'lum shod ke rãst miguyad.] (그가) 진실을 말하고 있다는 것이 분명해졌다.

پرسیدم که این کتاب را کجا خریدید.

[porsidam ke in ketãb rã kojã kharidid.] (나는) 이 책을 (당신이) 어디서 샀는지 물었다.

امیدوارم که دو باره شما را ببینم.

[omidvãram ke dobãre shomã rã bebinam.] 또 당신을 만나기를 (나는) 희망합니다.

ii '....하자마자. .....하고 나서', '... 되자', '.... 했을때'

شام که خورد می خوابد.

[shãm ke khord mikhãbad.] (그녀는) 저녁을 먹자마자 잘 것이다.

زمستان که آمد هوا سرد می شود.

[zemestãn ke ãmad havã sard mishavad.] 겨울이 되자 날씨가 추워진다.

سوار اتوبوس که شدم او را دیدم.

[savãr e otobus ke shodam u rã didam.] (내가) 버스에 탔을 때 그를 만났다.

او که حاضر شد، به راه افتادند.

[u ke hãzer shod, be rãh oftãdand.] 그가 준비되자 (그들은) 길을 나섰다.

بچه که بودم، زندگی ما مشکلتر بود.

[bachche ke budam, zedegi ye mã moshkeltar bud.] (내가) 어렸을 때, 우리 생활은 더 힘들었다.

iii '....하기 위하여'

آمدم که او را ببینم.

[ãmadam ke u rã bebinam.] (나는) 그를 만나기 위해 왔다.

به بازار رفتیم که میوه بخریم.

[be bãzãr raftim ke mive bekharim.] (우리는) 과일을 사기 위해 시장으로 갔다.

مادرم به من پول داد که برای خواهرم لباس جدیدی بخرم.

[mãdaram be man pul dãd ke barãye khãharam lebãs e jadidi bekharam.] 나의 어머니는 내게 나의 자매를 위해 새 옷을 사도록 돈을 주었다.

iv '....보다 더'

این راه نزدیکتر است که آن راه.

[in rãh nazdiktar ast ke ãn rãh.] 이 길은 저 길보다 더 가깝다.

v '왜냐하면. ... 이기 때문에 ....이므로'

اینطور که حرف می زند، من نمی توانم حرفهای او را باور کنم.

[in tour ke harf mizanad, man nemitavãnam harfhãye u rã bãvar konam.] (그가) 이렇게 말하기 때문에 나는 그의 말들을 믿을 수 없다.

برو بیرون که صبح شد.

[borou birun ke sobh shod.] 아침이 되었으니까 밖으로 나가.

خوبی کن که نتیجه ی آن به تو می رسد.

[khubi kon ke natije ye ãn be to mirasad.] 선을 베풀어라 그 결과는 네게 돌아올 거니까.

vi 강조

문장의 구조는 변하지 않고, 강조하고 싶은 부분을 که [ke] 앞에 쓰면 그 부분을 강조하는 의미가 된다.

فردا که نمی شود.

[fardã ke nemishavad.] 내일은 안 된다. (다른 날은 상관없다)

من که هیچ نگفتم.

[man ke hich nagoftam.] 나는 아무 말도 하지 않았다.

حالا که خیلی وقت دارید.

[hãlã ke kheili vaqt dãrid.] (당신은) 지금 시간이 많이 있다.

سه بار که برای شما گفته ام، باز هم فراموش کردید؟

[se bãr ke barãye shomã gofte am, bãz ham farãmush kyardid?] 당신에게 (나는) 3번이나 말했는데, 다시 또 잊어버렸습니까?

ما که رفتیم. [mã ke raftim.] 우리는 물론(당연히) 갔다.

شب شد که. [shab shod ke.] 밤이 되었던 것이다.

㉓ تا [tã]

ⓘ '... 하기까지'

من همینجا صبر می کنم تا فرهاد بیاید.

[man haminjã sabr mikonam tã farhãd biyãyad.] 나는 화르허드가 올 때까지 바로 여기서 기다리고 있을거야.

باید صبر کنید تا پزشک بیاید.

[bãyad sabr konid tã pezeshk biyãyad.] (당신은) 의사선생님이 올 때까지 기다려야만 합니다.

ⓘⓘ '....하는 동안에', '...는 이상', '....한(限)', '....하는 무렵'

تا دوستم رسید تاریک شده بود.

[tã dustam resid tãrik shode bud.] 나의 친구가 도착했을 때 (날은) 어두워져 있었다.

تا آن را نبینم باور نمی کنم.

[tã ãn rã nabinam bãvar nemikonam.] (나는) 그것을 보지 않는 한 믿지 않는다.

تا به ایستگاه برسیم قطار شاید رفته باشد.

[tã be istgãh berasim qatãr shãyad rafte bãshad.] (우리가) 역에 도착할 무렵 기차는 아마 떠나버렸을지도 모른다.

تا این کار را تمام نکنید نباید بروید.

[tã in kãr rã tamãm nakonid nabãyad beravid.] (당신은) 이 일을 끝내지 않고 가서는 안된다.

تا زنده ام او را فراموش نخواهم کرد.

[tã zende am u rã farãmush nakhãham kard.] (나는) 살아있는 한 그를 잊지 않을 것이다.

تا پدرم انیجا می ماند من هم باید بمانم.

[tã pedaram injã mimãnad man ham bãyad bemãnam.] 나의 아버지가 이곳에 머무는 한 나도 머물러야만 한다.

iii '... 하기 위하여', '...하기 위해서'

کوشش کنید تا موفق شوید.

[kushesh konid tã movaffaq shavid.] (당신은) 성공하도록 노력하세요.

بلند گفتم تا همه بشنوند.

[boland goftam tã hame beshenavand.] (나는) 모두가 듣도록 크게 말했다.

به شهر رفتیم تا دوست خودمان را ببینیم.

[be shahr raftim tã dust e khodemãn rã bebinim.] (우리는) 우리 친구들을 만나기 위해 도시로 갔다.

iv '...하자마자, ' ...와 동시에', '...하고 곧이어'

خروس تا روباه را دید روی درخت پرید.

[khorus tã rubãh rã did ruye derakht parid.] 수탉은 여우를 보자마자 나무 위로 날아 올라갔다.

تا به شهر رسیدید به منزل او بروید.

[tã be shahr rasidid be manzel e u beravid.] (당신은) 도시에 도착하면 바로 그의 집으로 가세요.

تا منزل برگشتم نامه را نوشتم.

[tã manzel bargyashtam nãme rã neveshtam.] (나는) 집에 돌아가자마자(=닿자마자) 편지를 썼다.

دیروز به رستوران رفتم، تا نشستم دوست شما وارد شد.

[diruz be restorãn raftam, tã neshastam dust e shomã vãred shod.] 어제 레스토랑에 갔다, (내가) 앉으려는데 당신의 친구가 들어왔다.

تا حقوق را دادند، این قالی را می خرم.

[tã hoquq rã dãdand, in qãli rã mikharam.] 월급이 나오면 (나는) 바로 이 카페트를 사겠다.

v '... 한 이래'

تا به آلمان رفته است از او خبری ندارم.

[tã be ãlmãn raft east az u khabari nadãram.] 그가 독일로 간 이래 (나는) 그에 대한 어떤 소식도 모른다.

تا به این شهر آمده ام سه بار مریض شده ام.

[tã be in shahr ãmade am se bãr mariz shode am.] (나는) 이 도시로 온 이래 세 번 아팠다.

vi (절의 비교) '....보다 더'

او بیشتر اسب دارد تا من.

[u bishtar asb dãrad tã man.] 그는 나보다 더 많은 말(馬)을 가지고 있다.

او بیشتر به سینما می رود تا تئاتر.

[u bishtar be sine/a/mã miravad tã te'ãtr.] 그는 연극보다 영화를 자주 보러 간다.

16

관계사

이란(페르시아)어의 관계대명사는 که [ke]이다. 선행사 어미는 한정을 나타내는 ی [...i]를 붙인다. 그러나 선행사가 고유명사, 인칭대명사, 비분리인칭대명사가 붙은 명사, 지시대명사 단수형인 경우는 선행사 어미를 붙이지 않는다.

① که [ke]가 주격으로 활용된 경우

مردی که اینجا آمد برادر من است.

[mardi ke injã ãmad barãdar e man ast.] 여기 왔던 남자는 나의 형제이다.

دوستم که در کاشان زندگی می کند هفته ی دیگر به خانه ی من می آید.

[dustam ke dar kãshãn zendegi mikonad hafte ye digyar be khãne ye man miyãyad.] 커션에 살고 있는 나의 친구는 다음 주 나의 집에 올 것이다.

شاهنامه که تاریخ شاهان قدیم ایران است اثر فردوسی است.

[shãhnãme ke tãrikh e shãhãn e qadim e irãn ast asar e ferdosi ast.] 이란의 옛 왕들의 역사인 왕서는 훼르도씨의 작품이다.

دانشجوهایی که آنجا نشسته بودند کجا رفتند؟

[dãneshjuhãyi ke ãnjã neshaste budand kojã raftand?] 그곳에 앉아 있었던 대학생들은 어디 갔습니까?

선행사가 형용사의 수식을 받는 경우 선행사 어미는 형용사에 붙는다.

زن قشنگی که آنجا رفت مادر او بود.

[zan e qashangi ke ãnjã raft mãdar e u bud.] 그곳에 갔던 아름다운 여성은 그녀의 어머니였다.

دختر کوچکی که جلوی درخت بود دوست بچه ی من است.

[dokhtar e kucheki ke jeloye derakht bud dust e bachche ye man ast.] 나무 앞에 있던 어린 소녀는 내 아이의 친구이다.

선행사와 관계대명사가 떨어져 있는 경우도 있다.

باغ زیبای آرامگاه حافظ پر از مردمی بود که برای تماشا آمده بودند.

[bãgh e zibã ye ãrãmgãh e hãfez por az mardomi bud ke barãye tamãshã ãmade budand.] 허훼즈 무덤의 아름다운 정원은 구경하러 왔던 사람들로 가득했다.

② که [ke]가 소유격으로 활용된 경우

관계대명사 که [ke]는 주격으로만 활용되므로, 소유격을 나타낼 경우는 선행사에 관련된 명사에 비분리인칭대명사를 붙이든지 또는 분리인칭대명사의 소유격형을 붙인다.

مردی که قدش بلند است پدر بزرگ من است.

[mardi ke qadesh boland ast pedar bozorg e man ast.] 키가 큰 남자는 나의 할아버지이다.

دختریکه اسمش فاطمه است خواهر علی است.

[dokhtari ke esmesh fãteme ast khãhar e ʿali ast.] (그녀의) 이름이 훠테메인 소녀는 알리의 여동생(누나)이다.

کسی که روی او را هرگز ندیده ام بمنزلم آمد.

[kyasi ke ruye u rã hargez nadide am bemanzelam ãmad.] (내가) 그의 얼굴을 결코 본 적이 없는 사람이 나의 집에 왔다.

حسن که پدرش نویسنده ی معروفی است همکلاس من است.

[hasan ke pedaresh nevisande ye ma'rufi ast hamkelãs e man ast.] (그의) 아버지가 유명한 작가인 하산은 나의 학급 친구이다.

گربه ای که مویش قشنگ است مال حسن است.

[gorbei ke muyash qashang ast mãl e hasan ast.] (그의) 털이 예쁜 고양이는 하산의 것이다.

③ که [ke]가 관계절 혹은 주절의 목적어로 활용된 경우

선행사가 직접 목적어인 경우에는 선행사에 را [rã]를 붙인다. 이 목적격 조사는 생략하기도 한다.

کتابی را که خریدید به من نشان بدهید.

[ketãbi rã ke kharidid be man neshãn bedahid.] (당신이) 산 책을 나에게 보여주세요.

زنی که دیدید اینجاست.

[zani ke didid injãst.] (당신이) 본 여자는 여기에 있다.

آجیلی را که خواسته بودید دیروز فرستادم.

[ãjili rã ke khãste budid diruz ferestãdam.] (당신이) 원했던 견과류를 어제 (내가) 보냈다.

کتاب قشنگی را که روی میز بود به شهناز قرض دادم.

[ketãb e qashangi rã ke ruye miz bud be shahnãz qarz dãdam.] 책상 위에 있던 예쁜 책을 샤흐너즈에게 (나) 빌려 주었다.

بسته ای را که فرستادید هنوز نرسیده است.

[basteyi rã ke ferestãdid hanuz nareside ast.] (당신이) 보낸 소포는 아직 도착하지 않았다.

پیراهنی را که به او هدیه کردید بهش خیلی خوب می آید.

[pirãhani rã ke be u hediye kyardid behesh kheili khub miãyad.] (당신이) 그에게 선물했던 셔츠는 그에게 매우 잘 어울린다.

کامپیوتری را که به من فروخت خراب شد.

[kãmpyuteri rã ke be man forukht kharãb shod.] (그. 그녀가) 나에게 판 컴퓨터는 고장났다.

④ 관계부사적 용법 및 전치사의 목적어로 활용된 경우

که [ke]가 이끄는 문장(절) 안에서 지시대명사 또는 비분리인칭대명사와 전치사로 선행사를 재차 표현한다.

منزلی که در آن زندگی می کنم بزرگ است.

[manzeli ke dar ãn zendegi mikonam bozorg ast.] (내가) 살고 있는 집은 크다.

دوربینی که با آن عکس می گرفتید چند است؟

[durbini ke bã ãn ʿaks migereftid chand ast?] (당신이) 사진을 찍고 있었던 카메라는 얼마입니까?

مجله ای که درباره اش صحبت می کردم اینجاست.

[majallei ke dar bãreash sohbat mikyardam injãst.] (내가) 말했던 잡지가 여기 있습니다.

دختری که بهش شیرینی دادید خواهر افسانه است.

[dokhtari ke behesh shirini dãdid khãhar e afsãne ast.] (당신이) 그녀에게 과자를 주었던 소녀는 아프써네의 자매입니다.

ایران سرزمینی که در آن بدنیا آمده و در آن بزرگ شده ام میهن من است.

[irãn sarzamini ke dar ãn bedonyã ãmade va dar ãn bozorg shode am mihan e man ast.] (내가) 태어나 자랐던 이란 (땅)은 나의 조국이다.

주절의 술어가 짧은 경우, 술부가 که [ke]가 이끄는 관계절 앞에 오는 경우도 있다. 그러므로 선행사와 که [ke]가 이끄는 관계절은 연이어 오지 않고 떨어져 있게 된다.

آنها توی خانه ای زندگی می کردند که هفت تا در داشت.

[ãnhã tuye khãnei zendegi mikyardand ke haft tã dar dãsht.] 그들은 문이 일곱 개인 집에 살고 있었다.

دنبال میوه ای می گردم که تازه ی تازه باشد.

[donbãl e mivei migyardam ke tãze ye tãze bãshad.] (나는) 신선한 과일을 찾고 있다.

فردوسی از بزرگترین شاعران ایران است که در حدود هزار سال پیش می زیسته است.

[ferdosi az bozorgtarin shã'erãn e irãn ast ke dar hodud e hezãr sãl e pish miziste ast.] 훼르도씨는 약 1,000년 전에 살았던 이란의 위대한 시인들 중 한 사람이다(=시인들 중에 속한다).

⑤ 그 이외의 관계사

위의 관계사들 이외에, 부정대명사, 지시대명사와 조합되어 관계사로 활용된다. 대표적인 것을 설명하면 아래와 같다.

i آنچه [ãnche] '....것', '....일'

چه [che]는 선행사를 포함한 관계사이다. 목적격 조사 را[rã]가 오는 경우는 آنچه را که [ãn che rã ke]가 된다.

آنچه را که بهتان گفتم فراموش نکنید.

[ãnche rã ke behetãn goftam farãmush nakonid.] (내가) 당신에게 말했던 것을 잊지 마세요.

آنچه دیروز از او شنیدید به من بگویید.

[ãnche diruz az u shenidid be man beguyid.] (당신은) 어제 그에게 들을 것을 내게 말하세요.

آنچه در باره ی این می دانید بنویسید.

[ãnche dar bãreye in midãnid benevisid.] 이것에 대하여 알고 있는 것을 (당신은) 쓰십시오.

ii [1] هر چه [har che] '....하는 것은 무엇이라도'

هر چه آسان یافتی آسان دهی.

[har che ãsãn yãfti ãsãn dahi.] 쉽게 얻은 것은 쉽게 없어진다. (격언)

هر چه گم کرده بودم پیدا کردم.

[har che gom kyarde budam peidã kyardam.] (나는) 잃어버렸던 것을 모두 찾았다.

هرچه که شما بیاورید، راضی هستم.[2]

[har che ke shomã biyãvarid, rãzi hastam.] (당신이) 가지고 오는 것은 (나는) 무엇이라도 만족합니다.

---

1) '될 수 있는 한'의 의미도 있다.

هرچه زودتر بیایید.

[har che zudtar biyãyid.] 될 수 있는 한 빨리 오세요.

2) که [ke]를 생략해도 되고, هرچه [har che] 대신에, هر کدام ،هرچیزی که [har kodãm, har chizi ke]로 쓸 수도 있다.

iii هر که [har ke], هرآنکه [har ãnke], هر کس که [har kyas ke], هر کسی که [har kyasi ke] ' ...는 누구라도'

هر کس که بیماری سختی داشت پیش او می رفت.

[har kyas ke bimãri ye sakhti dãsht pish e u miraft.] 심한 병을 가진 사람은 누구라도 그에게 가곤 했다.

هر کسی را که دیدید اینجا بنویسید.

[har kyasi rã ke didid injã benevisid.] (당신이) 본 사람은 누구라도 여기에 쓰세요.

هر که بیاید نمی خواهم او را ببینم.

[har ke biyãyad nemikhãham u rã bebinam.] 누가 오더라도 (나는) 그를 만나고 싶지 않다.

هر که دانا بود، توانا بود.

[har ke dãnã bovad, tavãnã bovad.[3]] 아는 것이 힘이다.

هر آنکه به او نان می دهد دوست اوست.

[har ãn ke be u nãn midahad dust e ust.] 그에게 빵을 주는 사람은 모두 그의 친구이다.

iv هر جا (که) [har jã(ke)], هر کجا (که) [har kojã(ke)] '...는 어디라도', '어디에서 ...해도'

هر جا که بروی، آسمان همین رنگ است.

[har jã ke beravi, ãsemãn hamin rang ast.] (네가) 가는 곳은 어디든지 하늘은 이런 색이다(=어디를 가더라도 운명은 변할 수 없다).

هر جا که بروم، بدون تو به من خوش نخواهد گذشت.

[har jã ke beravam, bedun e to be man khosh nakhãhad gozasht.] (내가) 어디

3) 고어발음으로, '왕서'의 유명한 시 한 귀절이 근원이 된 격언이다.

를 가더라도, 너 없이 나는 즐거울 수 없을 것이다.

هر جا که کتاب تازه ای می دید، آن را می خرید و با دقت می خواند.

[har jã ke ketãb e tãzei midid, ãn rã mikharid va bã deqqat mikhãnd.] (그는) 어디서든 새로운 책을 보았을 때, 그것을 사서 주의깊게 읽곤 했다.

v هر وقتی که [har vaqti ke], هر وقت (که) [har vaqt (ke)], هر گاه (که) [har gãh ke] '...는 언제라도'

او هر وقت که دوستش را می دید ازش دعوت می کرد تا باهم گفتگو کنند.

[u har vaqt ke dustesh rã midid azesh da'vat mikyard tã bã ham goftgu konand.] 그는 그의 친구를 볼 때마다 언제라도 함께 이야기하기 위해 그를 초대하곤 했다.

شما می توانید هر گاه که بخواهید بروید.

[shomã mitavãnid har gãh ke bekhãhid beravid.] 당신은 (당신이) 가고자 원할 때 언제라도 갈 수 있다.

کوچ نشینان هر گاه که رودخانه پر عمق باشد از آن عبور می کردند.

[kuch neshinãn har gãh ke rudkhãne por 'omq bãshad az ãn 'obur mikyardand.] 유목민들은 강이 깊어지는 때 언제라도 그 곳(강)을 건너가곤 했다.

17

부사

순수한 부사는 비교적 적기 때문에 명사와 형용사를 부사로 활용한다거나 전치사로 구성된 부사구와 아랍어 기원의 부사가 상당수 활용된다.

1. 시간에 관련된 부사

کی [kei] 언제

از کی [az kei] 언제부터

تا کی [tã kei] 언제까지

چه ساعتی [che sã'ati] 몇시에

چه وقت [che vaqt] 몇시에

اکنون [aknun] 지금, 현재

حالا [hãlã] 지금

الان [alãn] 지금

در حال حاضر [dar hãl e hãzer] 현재로서는, 현재에

امروز [emruz] 오늘

امروزه [emruze] 현대는

امشب [emshab] 오늘밤

دیشب [dishab] 어제밤

فردا [fardã] 내일

امروز صبح [emruz sobh] 오늘 아침

دیروز [diruz] 어제

پس فردا [pas fardã] 모레

پريروز [pariruz] 그저께

تمام روز [tamãm e ruz] 온종일, 하루종일

دو روز [do ruz] 2일간

فردا شب [fardã shab] 내일밤

دو روز پيش [do ruz e pish] 2일전

دو روز قبل [do ruz e qabl] 2일전

دو روز ديگر [do ruz e digyar] 2일후

دو روز بعد [do ruz e ba'd] 2일후

يک روز در ميان [yek ruz dar miyãn] 하루 걸러

اين هفته [in hafte] 금주, 이번주

هفته ی آينده [hafte ye ãyande] 내주

هفته ی پيش [hafte ye pish] 지난주

هفته ی گذشته [hafte ye gozashte] 지난주

اين ماه [in mãh] 이번달

ماه پيش [mãh e pish] 지난달

ماه ديگر [mãh e digyar] 다음달

سال آينده [sãl e ãyande] 내년

سال ديگر [sãl e digyar] 내년

هر روز [har ruz] 매일

هر شب [har shab] 매일밤

هر ماه [har mãh] 매달

هر سال [har sãl] 매년

هفته ای [haftei] 한 주에

روزی [ruzi] 하루에, 어떤 날

هميشه [hamishe] 항상, 언제나

ساعت شش [sã'at e shesh] 6시에

همواره [hamvãre] 언제나

مدت سه سال [moddat e se sãl] 3년간

پيوسته [peivaste] 잇달아

بارها [bãrhã] 자주

گاهی [gãhi] 가끔, 간혹

گاه گاهی [gãh gãhi] 이따금, 때때로

بعضی اوقات [ba'zi ouqãt] 때때로

چند روز بعد [chand ruz e ba'd] 수일후

چند ساعت [chand sã'at] 몇시간

دو ساعت و نيم [do sã'at o nim] 2시간반

چه ساعتی [che sã'ati] 몇 시에

شش و نيم صبح [shesh o nim e sobh] 오전 6시 반

ده دقيقه به چهار [dah daqiqe be chãhãr] 4시 10분전

نيم ساعت [nim sã'at] 반시간

ربع ساعت [rob' sã'at] 15분(=1/4 시간)

صبح [sobh] 아침

بامداد [bãmdãd] 아침

ظهر [zohr] 정오

قبل از ظهر [qabl az zohr] 오전

پیش از ظهر [pish az zohr] 오전

عصر [‘asr] 늦은 오후부터 일몰 전까지

غروب [ghorub] 일몰

نیمه شب [nime shab] 한밤중

جمعه شب [jom’e shab] 금요일 밤

شب جمعه [shab e jom’e] 목요일 밤[1]

دو بار [do bãr] 2번(회)

سپس [sepas] 그 후, 나중에, 다음에

برای اولین بار [barãye avvalin bãr] 처음으로

سر ساعت [sar e sã’at] 정각에

آنوقت [ãnvaqt] 그때, 그리고 나서

دیر [dir] 늦게

زود [zud] 일찍, 빨리

یک لحظه [yek lahze] 짧은 순간, 잠깐

یک دقیقه [yek daqiqe] 짧은 순간, 잠깐

ناگهان [nãgyahãn] 갑자기

هنوز [hanuz] 아직

از این به بعد [az in be ba’d] 금후, 이제부터 이후로

در ابتداء [dar ebtedã’] 처음에, 초기에

پس [pas] 그래서, 그에 따라

1) 이란력의 하루는 일몰부터 다음날 일몰 바로전까지이기 때문에, 서기력으로 계산하면, 전날밤이 된다.

2. 장소와 관련된 부사

کجا [kojã] 어디에

از کجا [az kojã] 어디로부터

تا کجا [tã kojã] 어디까지

اینجا [injã] 여기에

آنجا [ãnjã] 그곳에, 거기에, 저곳에, 저기에

بالا [bãlã] 위에

پایین [pãyin] 아래에

پیش [pish] 앞으로, 앞에

جلو [jelou] 앞으로, 앞에

دور [dur] 멀리

نزدیک [nazdik] 가까이

راست [rãst] 우(右)로

چپ [chap] 좌(左)로

دست راست [dast e rãst] 오른쪽(편)으로

دست چپ [dast e chap] 왼쪽(편)으로

راست [rãst] 곧장, 똑바로

مستقیم [mostaqim] 곧장, 직접의, 똑바른

بیرون [birun] 밖의, 외부의

درون [darun] 안의, 내부의

تو [tu] 안에, 안으로

پشت [posht] 뒤에, 뒤로

3. 정도와 양에 관련된 부사

چقدر [cheqadr] 어느 정도, 얼만큼

آنقدر [ãnqadr] 그 정도, 그만큼

بسیار [besyãr] 매우, 대단히, 몹시

بس [bas] 충분히

تنها [tanhã] 혼자서, 홀로

اندکی [andaki] 조금, 약간의

کم و بیش [kyam o bish] 다소

کم کم [kyam kyam] 조금씩, 점차

حد اقل [hadd e aqall] 최소로, 최소한으로

سراسر [sarãsar] 전부의, 완전히

[2] چندان [chandãn] 그정도, 그만큼

اینقدر [inqadr] 이 정도, 이만큼

چه اندازه [che andãze] 어느 정도

خیلی [kheili] 매우, 대단히, 몹시

فقط [faqat] 단지, 오로지

کمی [kyami] 조금, 약간

دست کم [dast e kyam] 적어도

روی هم رفته [ruye ham rafte] 평균해서

بتدریج [betadrij] 점차로, 조금씩

حد اکثر [hadd e aksar] 최대로, 최대한으로

درست [dorost] 정확히, 꼭

اغلب [aghlab] 자주, 종종

---

2) خیلی [kheili]와 چندان [chandãn]은 부정동사와 함께 사용하면, '그 정도로....하지 않다'라는 의미가 된다.
من چندان تشنه نیستم. [man chandãn teshne nistam.] 나는 그 정도로 목마르지 않다.
خیلی سرد نیست. [kheili sard nist.] 그 정도로 춥지 않다.

4. 빈도와 횟수에 관련된 부사

همیشه [hamishe] 항상, 언제나

ناگهان [nāgyahān] 갑자기

دو باره [do bāre] 다시, 또

باز هم [bāz ham] 재차, 또

بار ... [... bār] ...회(回), ...번

دفعه ... [... daf'e] ....회(回), ...번

هیچ وقت [hich vaqt] (부정동사와 함께) 결코 ... 아닌

هرگز [hargez] (부정동사와 함께) 결코 ... 아닌

تازه [tāze] .... 한지 얼마 안되는, 막, 금방, 이제 바로

5. 긍정과 부정, 강조에 관련된 부사

بله [bale] 네

آری / آره [āri/āre] 그래, 응

نه / نخیر / خیر [na/nakheir/kheir] 아니오

البته [albatte] 물론

شاید [shāyad] 아마도

راستی [rāsti] 정말로

مگر نه [magyar na] 그렇지 않아요?[3)]

چرا [cherā] 왜 아니야, 그래[4)]

نه [na] .... 가 아닌[5)]

---

3) 의견을 강조하여 물을 때, 문미에 사용한다.

4) 일반적으로 부정의문문에 대한 긍정의 대답이다.

5) پایتخت ایران تهران است نه شیراز.
[pāyetakht e irān tehrān ast na shiraz.] 이란의 수도는 쉬러즈가 아니고 테헤란이다.

نه ... نه ... [na... na ...] ...도 ...도 아니다[6]

هرگز [hargez] (부정문에서) 결코(절대로) .... 하지 않다[7]

ديگر [digyar] (부정문에서) 더 이상.... 아니다[8]

هنوز [hanuz] (부정문에서) 아직[9]

هم ... هم ... [ham ... ham ..] ...도 ...도[10]

هم / نيز [ham/niz] ...도[11]

---

6) نه شما آمديد، نه برادرتان.

[na shomã ãmadid, na barãdaretãn.] 당신도 당신의 동생도 오지 않았다.

7) مريم هرگز دروغ نمی گويد.

[maryam hargez doruq nemiguyad.] 마르얌은 절대로 거짓말하지 않는다.

8) ديگر ضبط نمی کنم. [digyar zabt nemikonam.] 더 이상 (나는) 녹음하지 않겠다.

9) 주로 완료형과 함께 활용되는 경우가 많다.

نامه ی شما هنوز نرسيده است.

[nãme ye shomã hanuz nareside ast.] 당신의 편지는 아직 오지 않았다.

آنوقت پسرم هنوز بدنيا نيامده بود.

[ãnvaqt pesaram hanuz bedonyã nayãmade bud.] 그 때는 아직 나의 아들은 태어나지 않았었다.

10) 동사가 중복되는 경우, 뒤의 동사를 생략한다.

هم شير و شيرينی دارم و هم پنير و ماست و کره.

[ham shir va shirini dãram va ham panir va mãst va kyare.] (나는) 우유와 과자도, 치즈와 요쿠르트와 버터도 가지고 있다.

11) همه می آيند، تو هم بيا. [hame miyãyand, to ham biyã.] 모두 올 거야, 너도 와.

شما نيز می توانيد برويد. [shomã niz mitavãnid beravid.] 당신도 역시 갈 수 있다.

이 부사는 강조되는 어휘의 바로 뒤에 위치한다. هم [ham]은 앞의 구(句)를 강조할 때도 있다.

قصه ی ما هم تمام شد. [qesse ye mã ham tamãm shod.] 우리들의 이야기는 끝났던 것이다.

6. 방법과 관련된 부사

چگونه/چطور/چون [chegune/chetour/chun] 어떻게

اینطور [intour] 이렇게

آنطور [ãntour] 저렇게, 그렇게

خوب [khub] 좋게

بد [bad] 나쁘게

زود [zud] 빨리, 일찍

پیاده [piyãde] 걸어서

با اتوبوس [bã otobus] 버스로

به فارسی [be fãrsi] 이란어로

بدقت [bedeqqat] 주의해서

سخت [sakht] 열심히, 대단히

باهم [bã ham] 함께, 같이

[12] گوئی [gu'i] 마치, 흡사

---

12) گویی 로 표기할 수 있다.

7. 아랍어에서 기원한 부사

아랍어에서 기원한 부사는 대부분 아랍어 대격어미인 ...ً ا [tanvin]를 붙여 부사로 활용한다.

ابداً [abadan] (부정문에서) 절대로 .... 아니다

اتفاقاً [ettefãqan] 우연히

اخيراً [akhiran] 최근에

اقلاً [aqllan] 적어도, 최소한

اولاً [avvalan] 최초의, 처음에

حتماً [hattman] 반드시, 확실히

مثلاً [masalan] 예를 들어

كاملاً [kãmelan] 완전히

ضمناً [zemnan] 그동안에, 한편

عموماً [ʻomuman] 일반적으로, 보통으로

فعلاً [fe'lan] 현재는

اصولاً [osulan] 원래, 원칙적으로

اصلاً [aslan] 본질적으로, 근본상

اكثراً [aksaran] 대부분, 일반적으로

شخصاً [shakhsan] 개인적으로

تقريباً [taqriban] 대략, 약

جداً [jeddan] 진심으로

سابقاً [sãbeqan] 이전에는

ظاهراً [zãheran] 분명히, 표면상

فوراً [fouran] 즉시, 곧

لطفاً [lotfan] 제발, 부디

مجدداً [mojaddadan] 재차, 다시한번, 반복해서

مخصوصاً [makhsusan] 특히, 특별히

مستقيماً [mostaqiman] 곧장, 똑바로

نسبتاً [nesbatan] 비교적

مسلماً [mosallaman] 확실히, 틀림없이

واقعاً [vãqe'an] 진실로, 사실상, 진심으로

يقيناً [yaqinan] 확실히, 분명히

8. 아랍어 계열의 복합부사

لا اقل [lã aqall] 적어도

بالاخره [belakhare] 마침내, 드디어

حتی المقدور [hattal maqdur] 가능한 한, 가능하다면

فوق العاده [fouqol ʻãde] 대단히, 매우, 상당히

18

전치사, 후치사

1. 전치사

이란(페르시아)어의 전치사는 에저훼를 취하지 않는 순수한 단순전치사와 다른 품사로부터 활용된 에저훼를 취하는 2개 이상의 어휘로 구성된 복합전치사가 있다. 발음으로 분류하면, 에저훼를 취하는 전치사와 취하지 않는 전치사로 나눌 수 있다. 그러나 일부 전치사는 취하기도 하고 취하지 않는 경우도 있다. 전치사 자체의 의미와 활용도 중요하지만, 특히 동사에 따라 일정한 전치사가 활용되는 것은 반드시 암기해야 한다.

1) 단순전치사

① از [az] '... 로부터', '... 에서', '... 보다', '... 에 대하여', '...에 속하는', '... 때문에'

방향과 동작의 기점, 소속, 부분, 원인, 원료, 관계와 비교 등에 활용된다.

من از کره آمدم.

[man az kore ãmadam.] 나는 한국에서 왔다.

از کجا آمدید؟

[az kojã ãmadid?] (당신은) 어디서 왔습니까?[1]

علی از بازار این مداد را خرید.

[ʻali az bãzãr in medãd rã kharid.] 알리는 시장에서 이 연필을 샀다.

او از تو بزرگتر است.

[u az to bozorgtar ast.] 그는 너보다 나이가 많다.

ما داریم از گرسنگی می میریم.

[mã dãrim az gorosnegi mimirim.] 우리들은 배고파서 죽을 것 같다.

دیروز چند شعر از اشعار حافظ را خواندم.

[diruz chand she'r az ash'ãr e hãfez rã khãndam.] 어제 (나는) 허페즈의 시들 중에 몇 구절을 읽었다.

ما از شکوفه های گیلاس صحبت کردیم.

[mã az shokufehã ye gilãs sohbat kyardim.] 우리들은 체리가 만개한 것에 대하여 이야기를 나누었다.

از تبریز تا کاشان چند ساعت طول می کشد؟

[az tabriz tã kãshãn chand sã'at tul mikeshad?] 타브리즈에서 커션까지 몇 시간 걸립니까?

1) '어디 출신입니까?'의 의미도 된다.

از [az]를 취하는 동사

احوال پرسی کردن	[ahvālporsi kyardan]	안부를 묻다
اطاعت کردن	[etā'at kyardan]	복종하다
آگاه کردن	[āgāh kyardan]	알려주다, 정보를 제공하다
استقبال کردن	[esteqbāl kyardan]	마중하다
انتقاد کردن	[enteqād kyardan]	비평하다
بحث کردن	[bahs kyardan]	의논하다, 논의하다
پرسیدن	[porsidan]	묻다
پذیرائی کردن	[paziräyi kyardan]	대접하다, 대우하다
ترسیدن	[tarsidan]	두려워하다
تشکر کردن	[tashakkor kyardan]	감사하다
تعریف کردن	[ta'rif kyardan]	설명하다
تقلید کردن	[taqlid kyardan]	모방하다
جلوگیری کردن	[jelougiri kyardan]	저지하다, 통제하다, 방해하다
حمایت کردن	[hemāyat kyardan]	보호하다
خواهش کردن	[khāhesh kyardan]	간청하다, 요청하다, 부탁하다
دعوت کردن	[da'vat kyardan]	초대하다
دفاع کردن	[defā' kyardan]	방어하다
دیدن کردن	[didan kyardan]	방문하다, 시찰하다
راضی کردن	[rāzi kyardan]	만족하다
سؤال کردن	[so'āl kyardan]	질문하다, 묻다
شکایت کردن	[shekāyat kyardan]	불평하다
عبور کردن	['obur kyardan]	건너다, 지나다

قدردانی کردن	[qadrdãni kyardan]	평가하다
گذشتن	[gozashtan]	통과하다, 지나다
لذت بردن	[lazzat bordan]	즐기다
معذرت خواستن	[ma'zarat khãstan]	용서를 구하다
ممنوع کردن	[mamnu' kyardan]	금지하다, 금하다
رد شدن	[rad shodan]	지나치다, (입시, 시험에) 떨어지다, 거절되다

② با [bã] '... 함께', '...타고', '...으로', '... 과', '... 와'

수단, 도구, 동행, 동반, 재료, 비교, 상태, 부대상황이라든가 비슷함과 다름의 대상 등에 활용된다.

با اتوبوس رفتم.

[bã otobus raftam.] (나는) 버스로(를 타고) 갔다.

با خودنویس بنویسید.

[bã khodnevis benevisid.] 만년필로 쓰세요.

با کی به ایران رفتید؟

[bã ki be irãn raftid?] (당신은) 누구와 함께 이란에 갔습니까?

مردم با تعجب به او نگاه کردند.

[mardom bã ta'ajjob be u negãh kyardand.] 사람들은 놀라서 그를 쳐다 보았다.

این نامه را با پست سفارشی بفرستید.

[in nãme rã bã post e sefãreshi beferestid.] (당신은) 이 편지를 등기우편으로 보내세요.

می خواهم با شما صحبت کنم.

[mikhãham bã shomã sohbat konam.] (나는) 당신과 이야기 하고 싶습니다.

با او آشنا نیستم.

[bã u ãshenã nistam.] (나는) 그를 알고 있지 않아요.

با شما کار دارم.

[bã shomã kãr dãram.] (나는) 당신에게 용건이 있습니다.

این با آن فرق دارد.

[in bã ãn farq dãrad.] 이것은 저것과 달라요.

با [bã]를 취하는 동사

ارتباط داشتن	[ertebãt dãshtan]	관계가 있다
برابر بودن	[barãbar budan]	동등하다, 같다
بد کردن	[bad kyardan]	나쁜 일을 하다
برخورد کردن	[bar khord kyardan]	충돌하다, 상충되다
دوست بودن	[dust budan]	... 와 친하다
فرق داشتن	[farq dãshtan]	다르다, 차이가 있다
متفاوت کردن	[motafãvet kyardan]	... 와 다르다, 상이하다
مکاتبه کردن	[mokãtebe kyardan]	통신하다
مقایسه کردن	[moqãyese kyardan]	비교하다
مخالفت کردن	[mokhãlefat kyardan]	반대하다
مهربانی کردن	[mehrbãni kyardan]	친절하게 대하다
مسابقه کردن	[mosãbeqe kyardan]	경쟁하다
همکاری کردن	[hamkãri kyardan]	협력하다

یاری کردن [yāri kyardan] 원조하다, 도와주다

با [bā]는 비분리 인칭대명사와 결합할 때 축약형으로 활용되기도 한다. 주로 구어에서 많이 사용한다.

	단수	복수[2]
1인칭	باهام [bāhām] 나와 함께	باهامان [bāhāmān] 우리 함께
2인칭	باهات [bāhāt] 너와 함께	باهاتان [bāhātān] 당신과 함께
3인칭	باهاش [bāhāsh] 그(그녀)와 함께	باهاشان [bāhāshān] 그들과 함께

③ بر [bar] '... 의 위에', '... 에', '... 에 대하여'

위치와 근원에 활용된다.

او کلاه بر سر گذاشت و از خانه بیرون رفت.

[u kolāh bar sar gozāsht va az khāne birun raft.] 그는 모자를 머리에 쓰고 외출했다.

چه بر سرش آمد؟ [che bar saresh āmad?] 그의 신상에 무슨 일이 생겼어요?

آنها بر دشمن تاختند. [ānhā bar doshman tākhtand.] 그들은 적을 공격했다.

بر صندلی نشست. [bar sandali neshas.] (그는) 의자에 앉았다.

بر شماست که این کار را انجام دهید.

[bar shomāst ke in kār rā anjām dahid.] 이 일을 성취시키는 것은 당신에게 달려있다.

بر این حادثه تأسف خورد.

[bar in hādese ta'ssof khord.] (그는) 이 사건을 애석해했다.

---

2) 복수형의 구어발음은 [bāhāmun], [bāhātun], [bāhāshun]이다.

پیشنهاد شما مبنی بر سوتفاهم است.

[pishnehãd e shomã mabni bar su’e tafãhom ast.] 당신의 제안은 오해에서 기인한 것이다.

بر [bar]를 취하는 동사

آسان شدن	[ãsãn shodan]	용이하게 되다, 쉬워지다
آشکار کردن	[ãshkãr kyardan]	명백히 하다
اعتماد کردن	[e’temãd kyardan]	신뢰하다
افزودن	[afzudan]	늘리다, 불리다
حکومت کردن	[hokumat kyardan]	지배하다, 통치하다
حمله کردن	[hamle kyardan]	공격하다
رحمت کردن	[rahmat kyardan]	자비를 베풀다
معلوم شدن	[ma’lum shodan]	알려지다, 분명해지다

④ به [be] ‘....로’, ‘... 하러’, ‘... 에게’

방향, 의도, 상태 등에 활용된다.

این را به من بدهید.

[in rã be man bedahid.] 이것을 나에게 주세요.

امروز به بازار نمی روم.

[emruz be bãzãr nemiravam.] 오늘 (나는) 시장에 가지 않는다.

کی به کره آمدند؟

[kei be kore ãmadand?] (그들은) 언제 한국에 왔습니까?

ما به دیدن آقای ایرانی آمدیم.

[mã be didan e ãqãye irãni ãmadim.] 우리들은 이란인 남성을 만나러 왔습니다.

به فارسی صحبت کنیم.

[be fãrsi sohbat konim.] (우리들은) 이란(페르시아)어로 말합시다.

به تاریخ آمریکا علاقه داشت.

[be tãrikh e ãmrikã ʿalãqe dãsht.] (그는) 미국역사에 관심을 가지고 있었다.

این به من مربوط نیست.

[in be man marbut nist.] 이것은 나와 관계가 없다.

به پول نقد

[be pul e naqd] 현금으로

این کتاب را به ده تومان خریدم.

[in ketãb rã be dah tomãn kharidam.] (나는) 이 책을 10토먼에 샀다.

به دستور شما اینجا آمدم.

[be dastur e shomã injã ãmadam.] 당신의 명령으로 (나는) 이곳에 왔다.

تابلو به دیوار آویزان است.

[tãblo be divãr ãvizãn ast.] 그림은 벽에 걸려 있다.

به نظر من	[be nazar e man]	내 생각으로는
به خدا	[be khodã]	신을 걸고 (맹세한다)

به [be]를 취하는 동사

اطمینان داشتن	[etminãn dãshtan]	신뢰하다, 확신하다
افتخار کردن	[eftekhãr kyardan]	자랑하다, 뽐내다, 자랑으로 여기다
احتیاج داشتن	[ehtiyãj dãshtan]	필요로 하다
ایمان آوردن	[imãn ãvardan]	믿다, 신앙심을 갖다

بسته بودن	[baste budan]	... 의지하다
پی بردن	[pei bordan]	추구하다
پرداختن	[pardākhtan]	... 을 시행하다, ...을 행하다
حسادت کردن	[hesādat kyardan]	질투하다, 시샘하다
خیانت کردن	[khiyānat kyardan]	배신, 배반하다
دست دادن	[dast dādan]	악수하다
دست زدن	[dast zadan]	박수치다, 손뼉치다
رسیدگی کردن	[residegi kyardan]	조사하다
سرزدن	[sar zadan]	들르다
شروع کردن	[shoru' kyardan]	시작하다
عادت کردن	['ādat kyardan]	적응하다, 익숙해지다
علاقه داشتن	['alāqe dāshtan]	흥미를 갖다
معروف بودن	[ma'ruf budan]	유명하다
مشغول بودن	[mashghul budan]	종사하다, ...하고 있는 중이다
مبتلا شدن	[mobtalā shodan]	(병에) 걸리다
نگاه کردن	[negāh kyardan]	... 을 보다
وارد شدن	[vāred shodan]	들어오다, 도착하다

به [be]는 비분리 인칭대명사와 결합할 때, 축약형으로 활용된다. 주로 구어에서 많이 사용한다.

	단수	복수[3]
1인칭	بهم [behem] 나에게	بهمان [behemãn] 우리들에게
2인칭	بهت [behet] 너에게	بهتان [behetãn] 당신에게
3인칭	بهش [behesh] 그(그녀)에게	بهشان [beheshãn] 그들에게

⑤ تا [tã] '... 까지', '.... 까지 계속'

동작이나 상태가 계속되는 공간적, 물리적인 도착지점이나 정도를 의미한다.

از تهران تا تبریز [az tehrãn tã tabriz] 테헤란부터 타브리즈까지

از صبح تا شب [az sobh tã shab] 아침부터 밤까지

تا اندازه ای کره ای بلد است.

[tã andãzei korei balad ast.] (그는) 한국어를 어느정도 알고 있다.

تا فردا به من مهلت داد.

[tã fardã be man mohlat dãd.] (그는) 나에게 내일까지 유예기간을 주었다.

⑥ در [dar] '... 안에', '... 에', '... 동안에', '...관해서'

او در ایران زندگی می کند.

[u dar irãn zendegi mikonad.] 그는 이란에 산다.

در این کلاس ده نفر هستند.

[dar in kelãs dah nafar hastand.] 이 교실에는 10명이 있다.

3) 복수형은 구어 발음인 [behemun], [behetun], [beheshun]을 더 많이 사용한다.

در سی سالگی ازدواج کرد.

[dar si sãlegi ezdevãj kyard.] (그는) 30살에 결혼했다.

در بچگی همیشه بیمار بودم.

[dar bachchegi hamishe bimãr budam.] (나는) 어린 시절에 항상 아팠다.

او در ریاضی قوی نیست.

[u dar riyãzi qavi nist.] 그는 수학에 강하지 않다.

در ساعت شش بعد از ظهر پیش او بروید.

[dar sã'at e shesh e ba'd az zohr pish e u beravid.] (당신은) 오후 6시에 그에게 가십시오.

در [dar]를 취하는 동사

تأثیر کردن	[ta'sir kyardan]	영향을 끼치다
دخالت کردن	[dekhãlat kyardan]	간섭하다, 관여하다
دقت کردن	[deqqat kyardan]	주의하다
شرکت کردن	[sherkyat kyardan]	참석하다, 참가하다
موفق شدن	[mavaffaq shodan]	성공하다

⑦ جز [joz] '... 를 제외하고'

همه نرفتند جز من.

[hame naraftand joz man.] 나를 제외하고 모두 가지 않았다.

جز ایران چه کشوری رفته اید؟

[joz irãn che keshvari rafte id?] (당신은) 이란을 제외하고 어느 나라를 갔었습니까?

در خانه جز من کسی نیست.

[dar khãne joz man kyasi nist.] 집에 나를 제외하고 아무도 없다.

⑧ 그 이외의 전치사[4]

بالای	[bãlã ye]	... 위에, ... 윗면에
بدونِ	[bedun e]	... 없이
برابرِ	[barãbar e]	... 를 향해, ... 에 대해, ... 에 정면으로
برایِ	[barãye]	... 을 위해서
بغلِ	[baghal e]	... 의 곁에, ... 의 옆에
بیرونِ	[birun e]	... 의 밖에
بینِ	[bein e]	... 의 사이에
پایینِ	[pãyin e]	... 아래에, ... 아래면의
پشتِ	[posht e]	... 뒤에
پهلویِ	[pahluye]	... 의 측면에, ... 옆에
پیشِ	[pish e]	... 앞에, ... 한테, ... 에게
تحتِ	[taht e]	... 아래로, ... 밑에
توی	[tuye]	... 안에
توسطِ[5]	[tavassot e]	... 을 통해서, ... 에 의해
جلوی/جلو	[jelou e/ye/]	... 면전에, ... 앞에
چون	[chun][6]	... 처럼
حدودِ[7]	[hodud e]	약(約), 대략
خارجِ	[khãrej e]	... 의 바깥의, ... 밖에서
دمِ	[dam e]	... 근처에

4) 에저훼를 취하는 전치사이다. 표기를 강조하기 위하여 [e]를 넣는다.
5) به توسط로 쓰기도 한다.
6) 예외적으로 에저훼를 취하지 않는다.
7) در حدودِ 로 쓰기도 한다.

دنبالِ [8]	[dombãl e]	... 의 뒤를 쫓아, ... 을 찾아서
دورِ	[dour e]	... 둘레에, ... 에워싸고
روبروىِ	[ruberuye]	... 마주하고
روى	[ruye]	... 위에
زيرِ	[zir e]	... 의 아래에
سرِ	[sar e]	... 위에
سوىِ [9]	[suye]	... 의 방향, ... 쪽으로
طبقِ [10]	[tebq e]	... 에 의해, ...에 따라서
طيِ [11]	[teyye]	... 의 사이에, ... 동안에
كنارِ	[kenãr e]	... 옆에, ... 곁에
مثلِ	[mesl e]	... 처럼
موافقِ	[movãfeq e]	... 따라, ... 에 의하면
ميانِ	[miyãn e]	... 의 사이에
نزديکِ	[nazdik e]	... 근처에, ... 가까이
وسطِ	[vasat e]	... 의 가운데, ... 중간에
همراهِ	[hamrãh e]	... 함께, ... 같이

8) به دنبالِ 로 쓰기도 한다.
9) به سوىِ 로 쓰기도 한다.
10) بر طبقِ 로 쓰기도 한다.
11) در طيِ 로 쓰기도 한다.

2) 복합전치사

2개 이상의 어휘로 이루어진 전치사로, 형용사, 부사, 명사와 단순전치사로 구성된 유형과 단순전치사와 명사로 구성된 두 가지 유형이 있다.

① 형용사, 부사, 명사 + 단순전치사의 구성

이 전치사의 뒤에는 에저훼를 붙이지 않는다.

بعد از	[ba'd az]	... 의 후에
پیش از	[pish az]	... 의 전에
پس از	[pas az]	... 의 후에
قبل از	[qabl az]	... 의 전에
راجع به	[rãje' be]	... 에 관해서
علاوه بر	['elãve bar]	... 에 더하여, ... 위에 또
غیر از	[gheir az]	... 을 제외하고, ... 와 다른
گذشته از	[gozashte az]	... 외에, ... 는 별도로
مربوط به	[marbut be]	... 에 관련된, ... 에 관계하여
نسبت به	[nesbat be]	... 에 비해
بنا بر	[banã bar]	... 에 근거하여
قریب به	[qarib be]	... 의 가까이, 약(대략)

② 전치사 + 명사의 구성

به استثنایِ	[estesnãye]	... 을 제외하고, ...를 예외로
در(بر) اثرِ	[dar(bar) asar e]	... 의 결과, ...의 영향으로
در اطرافِ	[dar atrãf e]	... 의 주위에

در باره یِ	[dar bare ye]	... 에 대하여, ... 관하여
در بابِ	[dar bãb e]	... 관하여
در پیرامونِ	[dar pirãmun e]	... 에 관해서, ...에 대하여
در حضورِ	[dar hozur e]	... 의 면전에
بر حسبِ	[bar hasb e]	... 에 따라
بر خلافِ	[bar khalãf e]	... 에 반대해서
با وجودِ	[bã vojud e]	... 에도 불구하고
به جایِ	[be jãye]	... 대신에
به خاطرِ	[be khãter e]	... 때문에
درخصوصِ	[dar khosus e]	... 에 관하여
به دستِ	[be dast e]	... 에 의해
از راهِ	[az rãh e]	... 을 거쳐, ...을 지나
از طرفِ	[az taraf e]	... 의 방향으로부터
به طرفِ	[be taraf e]	... 의 방향으로
به سمتِ	[be samt e]	... 의 방향에
به سمتِ	[be semat e]	... 의 자격으로, ... 로서
به عنوانِ	[be ʿonvãn e]	... 의 자격으로, ... 로서
به علتِ	[be ʿellat e]	... 의 이유로
در عقبِ	[dar ʿaqab e]	... 의 뒤에
به قرارِ	[be qarãr e]	... 와 같이, ... 처럼
در طیِ	[dar teyye]	... 중에
از لحاظِ	[az lehãz e]	... 의 점에서
به وسیله یِ	[be vasileye]	... 의 수단으로, ...의 도구로, ...로

2. 후치사

이란(페르시아)어에서 유일한 후치사(목적격 조사)는 را [rã]이다. 후치사는 때로는 정관사의 기능을 하기도 한다. 그 용법을 설명하면 다음과 같다.

① 고유명사의 뒤에 오는 경우

شما حسن را می شناسید؟ [shomã hasan rã mishenãsid?] 당신은 하산을 압니까?

حسن را زدم. [hasan rã zadam] (나는) 하산을 때렸다.

② 지시형용사 این [in] '이' 이나 آن [ãn] '그', '저'로 한정되는 명사 뒤에 오는 경우

کی این نامه را آورد؟ [ki in nã rã ãvard?] 누가 이 편지를 가져왔습니까?

کجا می توان این کتاب را خرید؟

[kojã mitavãn in ketãb rã kharid?] 이 책을 어디에서 살 수 있습니까?

که را دیدید؟ [ke rã didid?] (당신은) 누구를 만났습니까?

این خانه را فروختم. [in khãne rã forukhtam.] (나는) 이 집을 팔았다.

③ 대명사의 뒤에 오는 경우

سلام مرا به پدرتان برسانید.

[salãm e marã be pedaretãn berasãnid.] 나의 안부를 당신의 아버지에게 전해 주세요.

توفیق شما را آرزومندم.

[toufiq e shomã rã ãrzumandam.] (나는) 당신의 성공을 희망하고 있습니다.

شامتان را آوردند.

[shãmetãn rã ãvardand.] (그들은) 당신의 저녁식사를 가져왔다.

او را دیدم.

[u rã didam.] (나는) 그를 만났다.

④ 물질명사의 뒤에 오는 경우

اسباب اطاق را باید خوب چید.

[asbãb e otãq rã bãyad khub chid.] 방안의 집기를 잘 배열해야만 한다.

میز را مرتب کنید.

[miz rã morattab konid.] (당신은) 책상을 정돈하세요.

⑤ 동사에 의해 오는 경우

بوسیدن	[busidan]	입맞춤하다
دوست داشتن	[dust dãshtan]	사랑하다, 좋아하다
امتحان کردن	[emtehãn kyardan]	시험보다, 시험을 치르다
انکار کردن	[enkãr kyardan]	부정하다
بدرود گفتن	[bedrud goftan]	이별을 말하다, 작별을 고하다
بخشیدن	[bakhshidan]	용서하다
جشن گرفتن	[jashn gereftan]	축제를 열다, 잔치를 베풀다, 축하하다
صدا کردن	[sedã kyardan]	부르다, 찾다

⑥ 예외적인 경우

부정관사의 어미가 붙은 명사와 일반적인 명사일 경우는 목적어라 할지라도 را [rã]를 생략하기도 한다.

کتابی خریدم.

[ketãbi kharidam.] (나는) 어떤 (한 권의) 책을 샀다.

من هر روز روزنامه می خوانم.

[man har ruz ruznãme mikhãnam.] 나는 매일 신문을 읽는다.

19

감탄사, 기원

1. 감탄사

이란(페르시아)어의 감탄문에 활용되는 감탄사는 다음과 같다.

1) چه [che], چقدر [cheqadr], عجب ['ajab] '얼마나… 한가', '놀랍다!'

강조하고 싶은 형용사나 부사의 앞에 감탄사를 쓰면 감탄의 의미가 된다.

감탄문 = 감탄사 + 형용사/부사/ 술부동사/ + !

چه خوب! [che khub!] 얼마나 좋은가!

چقدر سرد است! [cheqadr sard ast!] 얼마나 추운지!

این مسجد چقدر قشنگ است!

[in masjed cheqadr qashang ast!] 이 사원은 얼마나 아름다운지!

چقدر زود رسید! [cheqadr zud resid!] (그는) 빨리 도착해서 놀랍구나!

آزادی چقدر خوب است! [āzādi cheqadr khub ast!] 자유는 얼마나 좋은가!

2) چه [che]. عجب ['ajab] + 명사(구) + ی... [i] '얼마나 .... 한가!', '놀랍다...!'

명사나 명사구가 있는 문장을 감탄하는 경우는 다음과 같이 구성한다.

감탄문 = 감탄사 + 명사/명사구/ + ی... + !

چه روز خوبی! [che ruz e khubi!]	얼마나 좋은 날인가!
عجب هوای خوبی! ['ajab havã ye khui!]	얼마나 좋은 날씨인가!
چه منظره ی قشنگی! [che manzare ye qashangi!]	얼마나 아름다운 경치인가!
به به ! چه آشی! [bah bah! che ãshi!]	야! 스프다!
چه نان خوشمزه ای! [che nãn e khoshmaze i!]	얼마나 맛있는 빵인가!

2. 기원

1) '... 라면 좋을텐데'와 '... 였다면 좋았을텐데'의 기원을 표현하는 경우, کاش [kãsh], کاشکه [kãshke], کاشکی [kãshki], ای کاش [ei kãsh]를 문두에 놓고, 시제는 가정법 현재형, 과거진행형, 또는 과거완료형으로 한다.

کاش پرویز فردا بیاید!

[kãsh parviz fardã biyãyad!] 파르비즈가 내일 온다면 좋을텐데!

کاش بتوانم این عروسک را بخرم!

[kãsh betavãnam in 'arusak rã bekharam!] (나는) 이 인형을 살 수 있다면 좋을텐데!

کاش هوا خوب می شد!

[kãsh havã khub mishod!] 날씨가 좋았다면 좋았을텐데!

کاشکی دوستم آن وقت آمده بود!

[kãshki dustam ãn vaqt ãmade bud!] 나의 친구가 그 시간에 왔었더라면 좋았을텐데!

کاشکه او را نمی دیدم!

[kãshke u rã nemididam!] (나는) 그를 만나지 않았더라면 좋았을텐데!

2) خدا کند که [khodã konad ke], خدا نکند که [khodã nakonad ke], خدا [khodã]

'신이시여 ... 해 주세요', '신이시여 ... 하지 않도록 해 주세요', '신이시여....'

خدا کند که آنها موفق شوند!

[khodã konad ke ãnhã movaffaq shavand!] 신이시여 그들이 성공하도록 해 주세요!

خدا نکند که او بیمار شود!

[khodã nakonad ke u bimãr shavad!] 신이시여 그가 아프게 하지 마세요!

خدا به شما سلامتی بدهد!

[khodã be shomã salãmati bedahad!] 신이시여 당신에게 건강을 주세요!

① 예외적으로 활용의 빈도가 높은 기원문

سایه تان کم نشود. [sãyetãn kyam nashavad] 앞으로도 당신의 보호가 있기를[1]

دستتان درد نکند. [dastetãn dard nakonad.] (당신의) 수고에 감사합니다.[2]

سرتان درد نکند. [saretãn dard nakonad.] 천만에요.[3]

② بودن [budan] 동사의 기원형은 باد [bãd] '... 되기를!'. 부정형은 مباد [mabãd], مبادا [mabãdã] '... 되지 않기를!'

زنده باد! [zende bãd!] 만세(萬歲)!

مبارک باد! [mobãrak bãd!] 축하합니다!

هرچه بادا[4] باد! [har che bãdã bãd!] 될대로 되라!

هیچ کس مباد که آن را ذکر کند!

[hich kyas mabãd ke ãn rã zekr konad!] 어떤 사람도 그것을 언급하지 않기를!

مبادا که شما به سخن او فریفته شوید!

[mabãdã ke shomã be sokhan e u farifte shavid!] 당신은 그의 말에 속지 않기를!

1) 직역을 하면, '당신의 보호가 적어지지 않도록'이다.
2) 직역을 하면, '당신의 손이 아프지 않기를'이다. 상대방이 베풀어준 것에 대한 감사를 나타낼때 표현하는 기원문이다.
3) 직역을 하면, '당신의 머리가 아프지 않기를'이다. 위의 문장에 대한 답례로 표현하는 기원문이다.
4) ا는 강조의 접미사이다.

20

수사

이란어의 숫자는 문자의 쓰는 순서와 달리, 왼쪽에서 오른쪽으로 쓴다. 또한 수사는 기수와 서수로 구분할 수 있다. 숫자를 나열하면 다음과 같다.

1. 기수

۰	صفر	sefr	0
۱	یک	yek	1
۲	دو	do	2
۳	سه	se	3
٤	چهار	chãhãr	4
٥	پنج	panj	5
٦	شش	shesh	6
۷	هفت	haft	7
۸	هشت	hasht	8

۹	نه	noh	9
۱۰	ده	dah	10
۱۱	یازده	yãzdah	11
۱۲	دوازده	davãzdah	12
۱۳	سیزده	sizdah	13
۱٤	چهارده	chãhãrdah	14
۱٥	پانزده	pãnzdah	15
۱٦	شانزده	shãnzdah	16
۱۷	هفده	hefdah	17
۱۸	هجده	hejdah	18
۱۹	نوزده	nuzdah	19
۲۰	بیست	bist	20
۲۱	بیست و یک	bist o yek	21
۳۰	سی	si	30
٤۰	چهل	chehel	40
٥۰	پنجاه	panjãh	50
٦۰	شصت	shast	60
۷۰	هفتاد	haftãd	70
۸۰	هشتاد	hashtãd	80
۹۰	نود	navad	90
۱۰۰	صد	sad	100
۱۰۱	صد و یک	sad o yek	101

٢٠٠	دویست	dcvist	200
٣٠٠	سیصد	sisad	300
٤٠٠	چهار صد	chãhãrsad	400
٥٠٠	پانصد	pãnsad	500
٦٠٠	ششصد	sheshsad	600
٧٠٠	هفتصد	haftsad	700
٨٠٠	هشتصد	hashtsad	800
٩٠٠	نهصد	nohsad	900
١٠٠٠	هزار	hezãr	1,000
١٠٠١	هزار و یک	hezãr o yek	1,001
٢٠٠٠	دو هزار	do hezãr	2,000
١٠٠٠٠	ده هزار	dah hezãr	10,000
١٠٠٠١	ده هزار و یک	dah hezãr o yek	10,001
٢٠٠٠٠	بیست هزار	bist hezãr	20,000
١٠٠٠٠٠	صد هزار	sad hezãr	100,000
٢٠٠٠٠٠	دویست هزار	devist hezãr	200,000
٣٠٠٠٠٠	سیصد هزار	sisad hezãr	300,000
١٠٠٠٠٠٠	میلیون	milyun	1,000,000
١٠٠٠٠٠٠٠٠٠	میلیار	milyãr	10억
١٠٠٠٠٠٠٠٠٠٠٠٠	تریلیون	terilyon	조

20 이후 기수의 조합은 و [o=va], ‘과’와 연결되어, 이 조합의 발음은 반드시 [o]로 해야 한다. 예를 들면, 34 라고 표현할 때는 سی و چهار[si o chãhãr] 로 발음한다. 만일 [si va chãhãr]로 발음하면, 그 의미는 30과 4가 된다.

بیست و یک	[bist o yek]	21	٢١
چهل و هفت	[chehel o haft]	47	٤٧
پنجاه و دو	[panjãh o do]	52	٥٢
شصت و سه	[shast o se]	63	٦٣
هفتاد و پنج	[haftãd o panj]	75	٧٥
هشتاد و نه	[hashtãd o noh]	89	٨٩
نود و چهار	[navad o chãhãr]	94	٩٤
صد و بیست و دو	[sad o bist o do]	122	١٢٢
دویست و دو	[devist o do]	202	٢٠٢

10. 100과 1000의 숫자는 복수형 어미, ها [hã]를 연결하여, ده ها [dahhã], صدها [sadhã], هزارها [hezãrhã] 는, ‘수 십의’, ‘수 백의’, ‘수 천의’의 의미로 활용한다. 복수형 어미 ...ان [... ãn]을 붙이면 사람을 나타내어 ‘수 십명의’, ‘수 백명의’, ‘수 천명의’로 활용된다. 그리고 1 이상의 수의 양을 나타낼 경우, 해당 명사 앞에 수와 양을 표시하는 수사를 쓰고 명사에는 복수형 어미, ها...، ان ...를 붙이지 않는다.

ده نفر مرد	[dah nafar mard]	10명의 남자
دوازده دانه سیب	[davãzdah dãne sib]	12알의 사과

2. 서수

차례를 나타내는 서수는 2가지 형태가 있다.

① م ...[... om] 형

기수의 어미에 م ...[⋯om]을 붙이면 서수가 되어, 형용사로 활용된다. 그러므로 명사 뒤에 위치할 때는 반드시 에저훼를 넣어 발음해야 한다.

اول / نخست / یک + ...م = یکم [yekom / nakhost(nokhost) / avval] 첫 번째

دو + ...م = دوم	[dovvom]	두 번째
سیم / سوم	[sevvom / seyyom]	세 번째
چهار + ...م = چهارم	[chāhārom]	네 번째
پنج + ...م = پنجم	[panjom]	다섯 번째
شش + ...م = ششم	[sheshom]	여섯 번째
نه + ...م = نهم	[nohom]	아홉 번째
ده + ...م = دهم	[dahom]	열 번째
دوازده + ...م = دوازدهم	[davāzdahom]	열두 번째
بیست + ...م = بیستم	[bistom]	스무 번째
سی + ام = سی ام	[siom]	서른 번째
صد + ...م = صدم	[sadom]	백 번째
هزار + ...م = هزارم	[hezārom]	천 번째
هزار و یک + ...م = هزار و یکم	[hezār o yekom]	천 한 번째
سال سوم	[sāl e sevvom]	3년째
بار نهم	[bār e nohom]	아홉 번째의 횟수

روز یازدهم	[ruz e yãzdahom]	11번째 날(일)

نوروز روز اول سال است.

[nouruz ruz e avval e sãl ast.] 노루즈는 해의 첫 번째 날이다.

امروز چندم اسفند است؟

[emruz chandom e esfand ast?] 오늘은 에스환드월(月)의 몇 번째 날입니까?[1)]

② ...ین [...in] 형

서수 ...م [⋯om]형의 어미에, ...ین [⋯in]를 더 첨가하여 조합한다. ...م [⋯om]형의 서수와 달리 명사 앞에 위치하여 에저훼를 취하지 않는다.

اول + ...ین = اولین / نخست + ...ین = نخستین / یکم + ...ین = یکمین

[yekomin / nakhostin(nokhostin) / avvalin]		첫 번째, 첫째
دوم + ...ین = دومین	[dovvomin]	두 번째, 둘째
سوم + ...ین = سومین	[sevvomin]	세 번째, 셋째
هفتم + ...ین = هفتمین	[haftomin]	일곱 번째
دهم + ...ین = دهمین	[dahomin]	열 번째
بیست و یکم + ...ین = بیست و یکمین	[bist o yekomin]	스물 한 번째
صدم + ...ین = صدمین	[sadomin]	100번째
صدمین سالگرد	[sadomin sãlgyard]	100주년 기념일
برای اولین بار	[barãye avvalin bãr]	첫 번째 회(回)를 위해
اولین روز	[avvalin ruz]	첫째날, 1일

1) 에스환드월(月)은 이란력의 12번째 달이다. 의역을 하면, '오늘은 12월 몇 일입니까?'이다.

سومین ساختمان اداره ما است.

[sevvomin sãkhtemãn edãre ye mã ast.] 세 번째 건물은 우리 사무실이다.

اسفند دوازدهمین ماه سال است.

[esfand davãzdahomin mãh e sãl ast.] 에스퐌드월(月)은 12번째 달이다.

این برای او چندمین بار است که به ایران می آید؟

[in barãye u chandomin bãr ast ke be irãn miyãyad?] (그가) 이란에 오는 것은 이것이 몇 번째입니까?

3. 수(數)에 관한 표현

① 년, 월, 일

명사와 형용사의 조합으로 보아 년, 월, 일을 표현할 때, 이란어로는 일, 월, 년의 순서로 하여 에저훼가 붙는다.

سال دو هزار و پانزده میلادی

[sãl e do hezãr o pãnzdah e milãdi] 서기력 2015년

سال هزار و سیصد و نود و سه ی هجری شمسی

[sãl e hezãr o sisad o navad o se ye hejri ye shamsi] 이란력 1393년[2]

سال قمری	[sãl e qamari]	헤지라력(이슬람 태음력)
سال شمسی	[sãl e shamsi]	헤지라력(이슬람 태양력 = 이란력)
سال میلادی	[sãl e milãdi]	서기력
سال کبیسه	[sãl e kyabise]	윤년

سال هزار و سیصد و شصت هجری شمسی

[sãl e hezãr o sisad o shast e hejri ye shamsi] 1360년

2) 이란력은 서기력에서 621년을 빼면 된다. 춘분이 새해 첫 날이므로 달의 차이는 있다.

이란력의 월명(月名)

순서	발음		서기력의 해당 기일	기간
1	فروردین	farvardin	3월21일~4월20일	31일
2	اردیبهشت	ordibehesht	4월21일~5월21일	31일
3	خرداد	khordãd	5월22일~6월21일	31일
4	تیر	tir	6월22일~7월22일	31일
5	مرداد	mordãd	7월23일~8월22일	31일
6	شهریور	shahrivar	8월23일~9월22일	31일
7	مهر	mehr	9월23일~10월22일	30일
8	آبان	ãbãn	10월23일~11월21일	30일
9	آذر	ãzar	11월22일~12월21일	30일
10	دی	dei	12월22일~1월20일	30일
11	بهمن	bahman	1월21일~2월19일	30일
12	اسفند	esfand	2월20일~3월20일	29/30일

서기력의 월명(月名)

월(月)	이란어	발음
1월	ژانویه	zhãnviye
2월	فوریه	fevriye
3월	مارس	mãrs
4월	آوریل	ãvril
5월	مه	me
6월	ژوئن	zhu'ãn
7월	ژوئیه	zhuiye
8월	اوت	ut
9월	سپتامبر	septãmbr
10월	اکتبر	oktobr
11월	نوامبر	novãmbr
12월	دسامبر	desãmbr

دوم اردیبهشت سال هزار و سیصد هجری شمسی

[dovvom e ordibehesht e sãl e hezãr o sisad e hejri ye shamsi] 1390년 2월 2일

دیروز روز چندم بود؟ [diruz ruz e chandom bud?] 어제는 며칠이었습니까?

دیروز روز سی ام بود. [diruz ruz e siom bud.] 어제는 30일이었습니다.

امروز چندم است؟ [emruz chandom ast?] 오늘은 며칠입니까?

امروز سوم تیر است. [emruz sevvom e tir ast.] 오늘은 4월(티르월) 3일입니다.

امروز چه تاریخیست؟ [emruz che tãrikhist?] 오늘은 며칠입니까?

امروز روز بیست و پنجم ماه مهر است.

[emruz ruz e bist o panjom e māh e mehr ast.] 오늘은 7월(메흐르월) 25일입니다.

요일

요일	이란어	발음
토요일	**شنبه**	shambe[3]
일요일	**یک شنبه**	yek shambe
월요일	**دو شنبه**	do shambe
화요일	**سه شنبه**	se shambe
수요일	**چهار شنبه**	chāhār shambe
목요일	**پنج شنبه**	panj shambe
금요일	**جمعه**	jom'e

امروز چند شنبه است؟ [emruz chand shambe ast?] 오늘은 무슨 요일입니까?

امروز روز جمعه است. [emruz ruz e jom'e ast.] 오늘은 금요일입니다.

امروز چه روزیست؟ [emruz che ruzist?] 오늘은 무슨 요일입니까?

3) ...نب... 로 조합되는 경우, ن [n]은 [m] 음이 된다. 이란력의 한 주는, 토요일이 첫번째 요일이고, 금요일은 마지막 요일이다. 그러므로 주말은 목요일이고, 금요일은 휴일이 된다.

② 수량

수량을 표현할 때는 명사 앞에 수사를 쓴다. 수사는 기수를 사용한다.

سه روز	[se ruz]	3일간, 3일동안
پنج ساعت	[panj sã'at]	5시간
ده نفر	[dah nafar]	10명
.سه تا کتاب دارم	[se tã ketãb dãram.]	(나는) 책 세 권을 가지고 있다.
.سه ساعت در اینجا بود	[se sã'at dar injã bud.]	(그는) 세 시간동안 이곳에 있었다.

... 명, ... 장, ... 개 등을 표현하는 일종의 분류사는 일반적으로 사람을 지칭할 때 نفر [nafar], 사물이나 동물을 지칭할 때 تا [tã]를 붙인다.

دو نفر مهندس	[do nafar mohandes]	2명의 엔지니어
شش نفر سرباز	[shesh nafar sarbãz]	6명의 군인
سه تا بچه	[se tã bachche][4]	3명의 아이
ده تا اسب	[dah tã asb]	10마리의 말(馬)

이 이외에 분류사는 다음과 같다.

شش جلد کتاب	[shesh jeld ketãb]	6권의 책
سه دانه تخم مرغ	[se dãne tokhm e morgh]	3알의 달걀
پنج عدد عکس	[panj 'adad 'aks]	5장의 사진
هفت فنجان قهوه	[haft fenjãn qahve]	7잔의 커피
یک دست لباس	[yek dast lebãs]	한 벌의 옷

4) بچه [bachche]는 예외적으로 تا [tã]를 붙인다.

سه دستگاه اتومبیل	[se dastgãh otomobil]	3대의 자동차
دو جفت جوراب	[do joft jurãb]	2켤레의 양말
یک حلقه فیلم	[yek halqe film]	1개의 필름
سه قطره خون	[se qatre khun]	3방울의 피

수의 표현에 있어, 범위 내의 수는 그 숫자를 그대로 쓰면 된다.

دو سه	[do se]	٢ ،٣	2, 3
چهار پنج	[chãhãr panj]	٤ ، ٥	4, 5
شش هشت	[shesh hasht]	٦ ، ٨	6, 8
ده سیزده	[dah sizdah]	١٠ ،١٣	10, 13

동일한 숫자를 반복하여 쓰면, ' ... 씩'의 의미가 된다.

دو دو	[do do]	둘씩
دو تا دو تا	[do tã do tã]	두개 두 개씩, 둘씩
سه سه	[se se]	셋씩
یکی یکی[5]	[yeki yeki]	하나씩

5) 예외적으로 یک 에는 어미 ...ی 를 붙인다.

③ 분수, 소수점, 백분율

분수의 분자는 기수, 분모는 서수로 표기한다. 그러나 분자가 1인 경우는 분모도 기수로 쓸 수 있다.

دو سوم	[do sevvom]	2/3	٢/٣
نیم / یک دوم	[yek dovvom/ nim]	반(半). 1/2	١/٢
سه یک / یک سوم	[yek sevvom/ se yek]	1/3	١/٣
پنج یک / یک پنجم	[yek panjom/ panj yek]	1/5	١/٥
شش یک / یک ششم	[yek sheshom/ shesh yek]	1/6	١/٦
سه چهارم	[se chãhãrom]	3/4	٣/٤

아랍어의 분수를 사용하기도 한다.

نصف	[nesf] 1/2, 반(半)		ثلث	[sols]	1/3	١/٣
ربع	[rob'] 1/4		خمس	[khoms]	1/5	١/٥
دو ثلث	[do sols]	2/3	٢/٣			
یک ربع	[yek rob']	1/4	٤/١			
نیم کیلو	[nim kilo]	반(半) kg, 1/2kg				
نیم ساعت	[nim sã'at]	반 시간, 30분				
ربع ساعت	[rob' sã'at]	1/4시간, 15분				

소수점을 표현할 때는, ممیز [momayez] '소수점'을 넣어 읽는다. 이란어의 소수점은 /로 표기한다.

3.5 = ٣/٥	سه ممیز پنج	[se momayez panj]
2.05 = ٢/٠٥	دو ممیز صفر پنج	[do momayez sefr panj]

백분율 즉, %의 표기는 다음과 같다.

100%	صد در صد	[sad dar sad]	۱۰۰ %[6]
57%	پنجاه و هفت در صد	[panjãh o haft dar sad]	۵۷%

④ 가감승제(加減乘除)

پنج به اضافه ی هفت دوازده است.

[panj be ezãfe ye haft davãzdah ast.] 5+7=12

دو به اضافه ی سه می شود پنج.

[do be ezãfe ye se mishavad panj.] 2+3=5

شش منهای یک پنج می شود.

[shesh menhã ye yek panj mishavad.] 6-1=5

ده منهای نه می شود یک.

[dah menhã ye noh mishavad yek.] 10-9=1

اگر سه را از ده کم کنیم باقیمانده چند است؟

[agyar se rã az dah kam konim bãqimãnde chand ast?] 10에서 3을 빼면 남은 것은 얼마입니까?

هفت ضرب در هشت می شود پنجاه و شش.

[haft zarb dar hasht mishavad panjãh o shesh.] 7×8=56

ده تقسیم بر پنج می شود دو.

[dah taqsim bar panj mishavad do.] 10÷5=2

دویست تقسیم بر صد برابر است به دو.

[devist taqsim bar sad barãbar ast be do.] 200÷100=2

---

6) %를 숫자 앞에 붙이는 경우도 있다.

⑤ 시간과 연령

시간은 다음과 같이 표현한다.

ساعت چند است؟	[sã'at chand ast?]	몇 시입니까?
چه‌ساعتیست؟	[che sã'atist?]	몇 시입니까?
ساعت پنج بعد از ظهر است.	[sã'at e panj e ba'd az zohr ast.]	오후 5시입니다.
ساعت هفت پیش از ظهر است.	[sã'at e haft e pish az zohr ast.]	오전 7시입니다.
ساعت سه و ده دقیقه است.	[sã'at e si o dah daqiqe ast.]	3시 10분입니다.
ساعت شش و ربع است.	[sã'at e shesh o rob' ast.]	6시 15분입니다.
دو و نیم است.	[do o nim ast.]	2시 반입니다.
ساعت دو و سه ربع است.	[sã'at e do o se rob' ast.]	2시 45분입니다.
ساعت هشت ربع کم است.	[sã'at e hasht rob' kyam ast.]	8시 15분 전입니다.
ده دقیقه به نه.	[dah daqiqe be noh.]	9시 10분 전
یک ربع به هفت است.	[yek rob' be haft ast]	7시 15분 전입니다.
چند ساعت طول می کشد؟	[chand sã'at tul mikeshad?]	몇 시간 걸립니까?
دو ساعت و نیم.	[do sã'at o nim][7]	2시간 반
درست ساعت ده	[dorost sã'at e dah]	정각 10시
سیزده ثانیه	[sizdah sãniye]	13초
ساعت یازده شب	[sã'at e yãzdah e shab]	밤 11시
ساعت هشت صبح	[sã'at e hasht e sobh]	아침 8시
ساعت چهار عصر	[sã'at e chãhãr e 'asr]	오후 4시

7) 동사 طول می کشد 가 생략된 문장이다.

연령은 다음과 같이 표현한다.

چند سال دارید؟	[chand sãl dãrid?]	(당신은) 몇 살입니까?
من بیست و دو سال دارم.	[man bist o do sãl dãram.]	나는 22살입니다.
چند سالتان است؟	[chand sãletãn ast?]	(당신은) 몇 살입니까?
من بیست سالم است.	[man bist sãlam ast.]	나는 20살입니다.
بیست سالگی است.	[bist sãlegi ast.]	(그는) 20세이다.
سن او چقدر است؟	[senn e u cheqadr ast?] 그의 나이는 어느 정도입니까?[8)]	

در چهل سالگی به ایران رفت.

[dar chehel sãlegi be irãn raft.] (그는) 40세 때 이란으로 갔다.

8) 직역이고, 의역을 하면, '(그는) 몇 살 입니까?'이다.

부록

1. 경어표현

이란(페르시아)어의 경어에는 존경어와 겸양어가 있다. 동사, 인칭대명사, 전치사 등으로 구별한다. 우리 글보다는 간극이 크지 않고, 상대의 연령이나 사회적 신분의 상하 관계에 따라 사용하지만 현재는 상하 관계보다는 가까운 관계로 친지나 동료 이외의 상대에 대한 존경이나 존중의 의미로 활용된다.

1) 인칭대명사, 호칭

1인칭인 '나'의 겸양어는 بَنده [bande]이다. '노예'라는 사전적 의미를 가진 이 단어는 '저'에 해당하여, 자신을 낮춰 표현할 때 쓰인다. 이 경우 동사의 인칭어미는 1인칭 단수 혹은 3인칭 단수를 쓰기도 한다. 그리고 공문이나 연설, 편지에서는 اینجانب [injãneb]을 من [man] 대신에 쓴다. 또한 قربان [qorbãn] '희생'이라는 의미의 단어를 사용하여, 남성이나 여성의 구별없이 자신을 낮추고, 상대를 존중하는 의미로 활용한다.

بنده چندین بار به آنجا رفتم.

[bande chandin bãr be ãnjã raftam.] 저는 여러 번 그곳에 갔습니다.

آقای... محترم ، اینجانب ....

[ãqã ye … mohtaram, injãneb….] 존경하는 … 씨, 저는…

قربانِ ◌ شما	[qorbãn e shomã]	당신의 희생(자)[1]

2인칭에 있어, 상대가 가족이거나 친구일 경우 즉, 친숙한 상대에게는 2인칭 대명사 단수를 활용하고, 그 이외에는 단수일지라도 2인칭 대명사 복수를 사용하여 활용한다.

کجا می روی؟	[kojã miravi?]	어디 가니?[2]
کجا می روید؟	[kojã miravid?]	어디 가세요?

호칭에 있어, 남성에게는 ... آقای [ãqã ye…]를, 여성에게는 ... ◌ِ خانم [khãnom e…]를 붙인다. '…씨', '…부인'이라는 의미로 일반적인 호칭이다. 성(姓) 앞에 붙여서 조합한다. 그러나 가까운 관계인 경우, 이름과 조합하는 경우는 이름 뒤에 오고, 에저훼는 붙지 않는다.

آقای یوسفی	[ãqã ye yusefi]	유세피 씨(남성)
خانمِ سلطانیه	[khãnom e soltãniye]	술타니에 씨(여성)
ابراهیم آقا	[ebrãhim ãqã]	에브러힘 씨(남성)
مَریَم خانم	[maryam khãnom]	마르얌 씨(여성)
آقای دُکتُر	[ãqã ye doctor]	의사/박사에 대한 존칭(남성)
خانم دکتر	[khãnom doctor]	의사/박사에 대한 존칭(여성)

1) 상대를 존칭하여 자신을 표현하는 경우 사용한다. 즉, 나는 당신의 희생 제물이라는 의미이다.
2) 상대의 연령이나 사회적 신분이 높다고 하더라도 친숙한 관계라면 가능한 표현이다.

2인칭 대명사 شما [shomã] '당신'에 있어, 여성일 경우 이에 대한 존칭으로 ... سرکار [sarkãr]를 어두에 붙이고, 남성일 경우 이에 대한 존칭으로 جنابعالی / جناب [jenãb'ãli /jenãb] 을 어두에 넣어 표현한다.

سرکار خانم نصیری

[sarkãr (e) khãnom e nasiri] 나씨리 부인(여성 상대를 존칭)

جناب/ جنابعالی آقای طاهری

[jenãb'ãli /jenãb (e) ãqã ye tãheri] 터헤리 씨(남성 상대를 존칭)

2) 동사

이란(페르시아)어에 있어, 단수일지라도 복수형의 주어와 동사를 사용하여 존칭을 나타낸다. 일반적으로 کردن [kyardan] '…하다'와 조합된 복합동사는 보조동사 کردن 대신 فرمودن [farmudan]로 바꿔 존칭의 의미를 나타낼 수 있다.

اجازه فرمودن	[ejãze farmudan]	허락하시다
ارسال فرمودن	[ersãl farmudan]	보내주시다
قبول فرمودن	[qabul farmudan]	승낙해주시다, 받아주시다

존칭의 단계를 예로 설명하면 다음과 같다.

او اشتباه کرد.	[u eshtebãh kyard.]	그는 실수했다.
ایشان اشتباه کردند.	[ishãn eshtebãh kyardand.]	그분은 실수했다.
ایشان اشتباه فرمودند.	[ishãn eshtebãh farmudand.]	그분께서는 실수를 하셨다.

فرمودن [farmudan]은 본래 '말씀하시다'라는 의미로, گفتن [goftan]는 '말하다'의 경어로 대신할 수 있다. 일반적인 표현에서 존칭으로 활용되는 동사를 정리하면 다음과 같다.

گفتن	[goftan]	말하다 ‹	فرمودن	[farmudan]	말씀하시다
آمدن	[madan]	오다 ‹	تشریف آوردن	[tashrif ãvardan]	오시다
رفتن	[raftan]	가다 ‹	تشریف بردن	[tashrif bordan]	가시다
بودن	[budan]	있다 ‹	تشریف داشتن	[tashrif dãshtan]	계시다
دادن	[dãdan]	주다 ‹	رحمت کردن	[rahmat kyardan]	주시다, 베푸시다
		‹	لطف کردن	[lotf kyardan]	베푸시다

자신을 낮추는 겸양어로 사용되는 동사를 정리하면 다음과 같다.

گفتن	[goftan]	말하다 ›	عرض کردن	['arz kyardan]	말씀드리다
دیدن	[didan]	만나다 ›	خدمتِ...رسیدن	[khedmat e···residan]	찾아뵙다
			زیارت کردن	[ziyãrat kyardan]	만나뵙다
دادن	[dãdan]	주다 ›	تقدیم کردن	[taqdim kyardan]	드리다

3) 정중한 표현

일상 회화에서 상대에게 원하거나 부탁을 하는 경우, 직접적인 명령법을 쓰기 보다는 명령형과 함께 화자의 정중한 의도를 전달하여 부사와 함께 원만한 요구를 전달한다.

لطفاً [lotfan] '부디', '제발'[3], بی زحمت/ لطف کنید [bi zahmat/ lotf konid][4] '죄송하지만', '부탁컨대', ... اگر می شود [agyar mishavad···], ... اگر ممکن است [agyar momken ast···] '만일 할 수 있다면···', '만일 가능하다면···', خواهش می کنم [khãhesh mikonam] '죄송하지만', '원컨대'를 문장 앞에 넣어 화자의 정중함을 표현하기도 한다.

3) 직역하면, 부사로서 '(은혜로)부디'의 의미이다.

4) 직역하면, '수고없이/은혜를 베푸세요'의 의미이다.

لطفاً ساعت هشت به فرودگاه بیایید.

[lotfan sã'at e hasht be forudgãh biyãyid.] 부디 8시에 공항으로 오세요.

بی زحمت پنجره را ببندید.

[bi zahmat panjere rã bebandid.] 죄송하지만 창문을 좀 닫아 주세요

لطف کنید این فرم را پر کنید و به دفتر ببرید.

[lotf konid in form rã por konid va be daftar bebarid] 죄송하지만 이 서류를 기입하시고 사무실로 가지고 가 주세요.

اگر می شود بگیرید.

[agyar mishavad begirid.] 가능하다면 가지세요.

اگر ممکن است انجام بدهید.

[agyar momken ast anjãm bedahid.] 가능하면 완성하세요.

ممکن است با آقای مجیدی صحبت کنم؟

[momken ast bã ãqã ye majidi sohbat konam?] (나는) 마지디 씨와 이야기 할 수 있을까요?

خواهش می کنم کمی آهسته حرف بزنید.

[khãhesh mikonam kyami ãheste harf bezanid.] 죄송하지만 좀 천천히 말씀해 주세요.

2. 구어표현

이란(페르시아)어의 구어는 일상 회화체를 의미하여, 주로 어휘와 동사의 발음과 문자를 축소하여 문어체와 다른 음을 가지고 있다.

1) 어휘와 구

ان ...[…ãn]의 조합에서 ا [ã] 발음은 [u]으로 변한다.

문어 발음		구어발음	의미
آن	ãn	un	그, 저, 그것, 저것
آنجا	ãnjã	unjã	그곳, 저곳
ارزان	arzãn	arzun	싼
ایشان	ishãn	ishun	그들, 그녀들
شانزده	shãnzdah	shunzdah	16
خانه	khãne	khune	집
خواندن	khãndan	khundan	읽다
منزلتان	manzeletãn	manzeletun	당신의 집
گران	gerãn	gerun	비싼
می دانی	midãni	miduni	(너는) 안다
میدان	meidãn	meidun	광장
نان	nãn	nun	빵(이란의 주식)

단, كدام [kodãm]의 구어 발음은 [kodum]으로, آمدن [ãmadan]은 [umadan]으로 발음하는 경우가 많다.
2개의 자음이 연이어 있을 경우, 마지막 자음이 치음[5]이면 발음하지 않는다.

دست	[dast]	손(手)	→ [das]
جشن	[jashn]	기념일, 축제	→ [jash]
نیست	[nist]	(3인칭 단수) 아니다, 없다	→ [nis]
چند	[chand]	얼마나, 몇 개의, 많이	→ [chan]

اگر ، دیگر ، مگر ، آخر 의 어미에 있는 [r]음은 구어에서 [e] 또는 생략하여 발음한다.

اگر	[agyar]	만약	→ [age]
دیگر	[digyar]	다른, 다음, 더 이상 … 아닌[6]	→ [dige]
مگر	[magyar]	아마, 만약 … 아니라면	→ [mage]
آخر	[ãkhe/a/r]	마지막, 끝, 종말, (속어) 아!	→ [ãkhe]

후치사 را [rã]는 구어에서 [o]로 발음한다.

کتاب را خواندم.	[ketãb rã khãndam]	(나는) 책을 읽었다	→ [ketãbo khundam]
من را	[man rã]	나를	→ [mano]
این را	[in rã]	이것을	→ [ino]

5) [d], [t], [n]음에 속한다.
6) 134쪽 참고.

복수형 어미 ها [hã] 와 هم [ham] 의 [h]음은 생략되는 경우가 많다.

آنها	[ãnhã]	그들, 그녀들, 그것들	→ [unã]
زنها	[zanhã]	여자들	→ [zanã]
دستها	[dasthã]	손들	→ [dastã]
من هم	[man ham]	나도	→ [manam]
باز هم	[bãz ham]	또, 다시	→ [bãzam]
کوچک هم	[kuchek ham]	작은 것도	→ [kuchekyam]

일반적으로 َ◌[a]음이 구어에서는 ِ◌[e]음으로 변하는 예가 있다.

چشم	[chashm]	눈(目)	→ [cheshm]
ثروت	[sarvat]	부, 재산	→ [servat]
رسیدن	[rasidan]	도착하다, 익다	→ [residan]
کشیدن	[kashidan]	그리다, 당기다	→ [keshidan]
هزار	[hazãr]	1,000	→ [hezãr]

어두가 아닌 어중이나 어미에 오는 ه [h]음은 탈락이 되거나 아주 약하게 발음한다.

شاه	[shãh]	왕(王)	→ [shã]
شهر	[shahr]	도시	→ [shar]
چیزها	[chizhã]	물건, 일, 사건	→ [chizã]

어미에 오는 ع [']는 그 음이 탈락되고, 대신 이 문자 바로 앞의 음을 길게 발음한다.

جمع	[jam']	집합, 합계	→ [ja:m]
شمع	[sham']	양초	→ [sha:m]

2) 동사

구어체에서 동사의 인칭어미 일부음이 변하고, 특정한 동사는 음을 축소하여 사용한다. 현재형의 3인칭 단수형 어미인 دَ ... [···ad]는 [···e]로 발음하며 2인칭 복수형 어미 يد... [···id]는 [···in]으로, 3인칭 복수형 어미 نَد ... [···and]는 [···an]으로 축소하여 발음한다. 동사의 어미를 다음과 같이 정리할 수 있다.

인칭	단수		복수	
	문어	구어	문어	구어
1인칭	[am]		[im]	
2인칭	[i]		[id]	[in]
3인칭	[ad]	[e]	[and]	[an]

می کند	[mi konad]	(그, 그녀) 하다	→ [mi kone]
می کنید	[mi konid]	(당신) 하다	→ [mi konin]
می کنند	[mi konand]	(그들, 그녀들)	→ [mi konan]
می دانم	[mi dãnam]	(나) 알고 있다	→ [mi dunam]
می دانی	[mi dãni]	(너) 알고 있다	→ [mi duni]
می داند	[mi dãnad]	(그, 그녀) 알고 있다	→ [mi dune]
می دانیم	[mi dãnim]	(우리) 알고 있다	→ [mi dunim]
می دانید	[mi dãnid]	(당신) 알고 있다	→ [mi dunin]
می دانند	[mi dãnand]	(그들, 그녀들) 알고 있다	→ [mi dunan]

동사의 과거형 2인칭 복수형과 3인칭 단수형은 위의 발음 원칙이 그대로 적용된다.

خریدید	[kharidid]	(당신) 샀다	→ [kharidin]
خریدند	[kharidand]	(그들, 그녀들) 샀다	→ [kharidan]

است [ast]는 [e] 음으로 앞의 문자와 결합되어 발음한다.

این کتاب است.

[in ketãb ast.] 이것은 책이다.→ [in ketãbe]

آن خانه کوچک است.

[ãn khãne kuchek ast.] 저 집은 작다. → [un khune kucheke.]

آن چیست؟

[ãn chist?] 저것은 무엇입니까? → [un chie?]

منزلتان کجاست؟

[manzeletãn kojãst?] 당신의 집은 어디입니까? → [manzeletun kojãs?]

현재완료형은 구어체로 발음할 때, 과거형으로 발음하면 된다. 단, 현재완료 3인칭 단수형은 과거분사로만 축소되기 때문에 است [ast]만 생략하고 발음한다.

رفتن 과거어근 رفت [raft] → 과거분사 رفته [rafte]

인칭	단수		복수	
	문어	구어	문어	구어
1인칭	رفته ام [rafte am]	رفتم [raftam]	رفته ایم [rafte im]	رفتیم [raftim]
2인칭	رفته ای [rafte i]	رفتی [rafti]	رفته اید [rafte id]	رفتید [raftin]
3인칭	رفته است [rafte ast]	رفته [rafte]	رفته اند [rafte and]	رفتند [raftan]

آمدن [ãmadan] '오다', توانستن [tavãnestan] '할 수 있다', خواستن [khãstan] '원하다', دادن [dãdan] '주다', رفتن [raftan] '가다', شدن[shodan] '되다', گفتن [goftan] '말하다', گذاشتن [gozãshtan] '놓다, 허락하다', نشستن [neshastan] '앉다'의 현재형과 가정형 현재형은 축소되어 발음한다.

آمدن 현재어근 آ [ã]

인칭	단수		복수	
	문어	구어	문어	구어
1인칭	می آیم [mi ãyam]	[mi ãm]	می آییم [mi ãyim]	[mi ãim]
2인칭	می آیی [mi ãyi]	[mi ãi]	می آیید [mi ãyid]	[mi ãin]
3인칭	می آید [mi ãyad]	[mi ãd]	می آیند [mi ãyand]	[mi ãn]

توانستن 현재어근 توان [tavãn]

인칭	단수		복수	
	문어	구어	문어	구어
1인칭	می توانم [mi tavãnam]	[mi tunam]	می توانیم [mi tavãnim]	[mi tunim]
2인칭	می توانی [mi tavãni]	[mi tuni]	می توانید [mi tavãnid]	[mi tunin]
3인칭	می تواند [mi tavãnad]	[mi tune]	می توانند [mi tavãnand]	[mi tunan]

خواستن 현재어근 خواه [khãh]

인칭	단수		복수	
	문어	구어	문어	구어
1인칭	**می خواهم** [mi khãham]	[mi khãm]	**می خواهیم** [mi khãhim]	[mi khãim]
2인칭	**می خواهی** [mi khãhi]	[mi khãi]	**می خواهید** [mi khãhid]	[mi khãin]
3인칭	**می خواهد** [mi khãhad]	[mi khãd]	**می خواهند** [mi khãhand]	[mi khãn]

دادن 현재어근 ده [dah]

인칭	단수		복수	
	문어	구어	문어	구어
1인칭	**می دهم** [mi daham]	[mi dam]	**می دهیم** [mi dahim]	[mi dim]
2인칭	**می دهی** [mi dahi]	[mi di]	**می دهید** [mi dahid]	[mi din]
3인칭	**می دهد** [mi dahad]	[mi de]	**می دهند** [mi dahand]	[mi dan]

رفتن　　현재어근　　رو [rav]

인칭	단수		복수	
	문어	구어	문어	구어
1인칭	مى روم [mi ravam]	[mi ram]	مى رويم [mi ravim]	[mi rim]
2인칭	مى روى [mi ravi]	[mi ri]	مى رويد [mi ravid]	[mi rin]
3인칭	مى رود [mi ravad]	[mi re]	مى روند [mi ravand]	[mi ran]

شدن　　현재어근　　شو [shav]

인칭	단수		복수	
	문어	구어	문어	구어
1인칭	مى شوم [mi shavam]	[mi sham]	مى شويم [mi shavim]	[mi shim]
2인칭	مى شوى [mi shavi]	[mi shi]	مى شويد [mi shavid]	[mi shin]
3인칭	مى شود [mi shaved]	[mi she]	مى شوند [mi shavand]	[mi shan]

گفتن　　현재어근　　گو [gu]

인칭	단수		복수	
	문어	구어	문어	구어
1인칭	می گویم [mi guyam]	[mi gyam]	می گوییم [mi guyim]	[mi gim]
2인칭	می گویی [mi guyi]	[mi gi]	می گویید [mi guyid]	[mi gin]
3인칭	می گوید [mi guyad]	[mi ge]	می گویند [mi guyand]	[mi gyan]

گذاشتن　　현재어근　　گذار [gozãr]

인칭	단수		복수	
	문어	구어	문어	구어
1인칭	می گذارم [mi gozãram]	[mi zãram]	می گذاریم [mi gozãrim]	[mi zãrim]
2인칭	می گذاری [mi gozãri]	[mi zãri]	می گذارید [mi gozãrid]	[mi zãrin]
3인칭	می گذارد [mi gozãrad]	[mi zãre]	می گذارند [mi gozãrand]	[mi zãran]

نشستن　　　　현재어근　　　　نشین [neshin]

인칭	단수		복수	
	문어	구어	문어	구어
1인칭	می نشینم [mi neshinam]	[mi shinam]	می نشینیم [mi neshinim]	[mi shinim]
2인칭	می نشینی [mi neshini]	[mi shini]	می نشینید [mi neshinid]	[mi shinin]
3인칭	می نشیند [mi neshinad]	[mi shine]	می نشینند [mi neshinand]	[mi shinan]

가정형 현재형의 구어 발음은 현재형의 진행접두사 می [mi] 자리에 가정형 접두사 ... ب [be…]를 대신 넣고, 어미는 현재형과 동일하게 발음한다.

3. 수·시제·인칭의 불일치, 비인칭 문장

이란(페르시아)어에서는 직접화법과 간접화법의 개념이 거의 없다. 간접화법인가하면, که [ke]를 이끄는 절 안에서 직접화법을 적용하는 등 혼용된 형태로 사용한다. 그러므로 절 안의 주어와 대상을 파악하고 전후관계를 판단하여 가늠하는 방법이 가장 적절하다. 한 문장이 다른 의미로 전달되는 예를 들면 다음과 같다.

علی گفت : ((فردا نمی روم.))

[ʻali goft : “fardã nemiravam”] 알리는 말했다: “내일 (나는) 가지 않는다”

علی گفت که فردا نمی روم.

[ʻali goft ke fardã nemiravam.] ① 알리는 내일 (나는) 가지 않는다고 말했다. ② 알리는 내일 (화자=이 말을 전달하는 사람) 가지 않는다고 말했다.

علی گفت که فردا نمی رود.

[ʻali goft ke fardã nemiravad.] ① 알리는 내일 (알리=자신) 가지 않는다고 말했다. ② 알리는 내일 (별도의 사람인) (그는) 가지 않는다고 말했다.

또한 직접화법을 که [ke]를 사용하여 간접화법으로 바꾸는 경우에서도 한국어와 마찬가지로 주절과 종속절과의 시제가 일치하지 않는 것이 일반적이다.

فکر می کرد که این کتاب مفید است.

[fekr mi kyard ke in ketãb mofid ast.] (그는) 이 책은 유용하다고 생각하고 있었다.

مادرتان گفت که حالتان خوب نیست.

[mãdaretãn goft ke hãletãn khub nist.] 당신의 어머니는 당신의 건강이 좋지 않다고 말했다.

او به من خبر نداد که کجا خواهد رفت.

[u be man khabar nadãd ke kojã khãhad raft.] 그는 어디 갈 예정이라고 나에게 알리지 않았다.

او می دانست که تا چند دقیقه ی دیگر قطار به ایستگاه خواهد رسید.

[u mi dãnest ke tã chand daqiqe ye digyar qatãr be istgãh khãhad resid.] 그는 앞으로 몇 분 후 기차가 역에 도착하는 지를 알고 있었다.

دیروز وقتی که از مدرسه به خانه باز گشتم دیدم که پدر بزرگم آنجاست.

[diruz vaqti ke az madrese be khãne bãz gyashtam didam ke pedar bozorgyam ãnjãst.] 어제 (나는) 학교에서 집으로 돌아왔을 때 (나의) 할아버지가 그곳[7]에 있는 것을 보았다.

그리고 이란(페르시아)어 문장에는 비인칭으로 활용되는 경우가 많다. 비인칭으로 구성된 문장은 ① 감정이나 감각을 표현할 때, ② 판단을 표현할 때, ③ 주어가 특정 인칭이 아닌 일반적일 때 활용된다.

① 감정이나 감각을 표현

'기억하다', '잊어버리다', '생각나다', '목마르다', '좋아하다' 등 감정이나 감각을 표현하는 특별한 표현 방식의 구문으로 주어 즉, 동작하는 사람을 문법적 주어가 아닌 인칭대명사의 비분리형이나 전치사로 표현하고, 문법상의 주어와 동사는 3인칭 단수형을 활용한다. 이를 이란(페르시아)어 문법 체계에서는 비인칭 동사로 표현된 비인칭 문장이라고 한다.

یادم آمد.	[yãdam ãmad.]	나는 생각났다.
یادتان رفت.	[yãdetãn raft.]	당신은 잊어버렸다.
تشنه ام است.	[teshne am ast.]	나는 목이 마르다.
گرسنه تان است؟	[gorosnetãn ast?]	당신은 배가 고픕니까?

7) '집'을 의미한다.

از این رنگ خیلی خوشم آمد.

[az in rang kheili khosham ãmad.] 나는 이 색이 너무 좋았다.

در مسافرت به من خوش گذشت.

[dar mosãferat be man khosh gozasht.] 나는 여행이 즐거웠다.

به شما خوش گذشت؟ [be shomã khosh gozasht?] 당신은 즐거웠습니까?

بهتان خوش بگذرد! [behetãn khosh begozarad!] 당신은 즐겁게 보내세요!

اسم شما یادم نمی آید.

[esm e shomã yãdam nimiãyad.] 나는 당신의 이름이 생각나지 않는다.

چند سالت است؟ [chand sãlat ast?] 너는 몇 살이니?

خوابم نمی آید. [khãbam nemiãyad.] 나는 잠이 오질 않아요.

그 이외에 '… 하고 싶다', '…을 원하다' 라는 의미의 문장을 다음과 같이 3인칭 단수형 즉, 비인칭 동사로 표현하기도 한다.

دلم می خواهد به کره بروم.

[delam mi khãhad be kore beravam.] 나는 한국에 가고 싶다.

② 판단을 표현

가능성과 필요, 결과의 여부 등을 판단하는 표현을 하는 경우 که [ke]를 사용하여 비인칭 문장으로 활용한다. 가주어에 해당하는 문장을 맨 앞에 쓰고, 이어 판단 대상이 되는 내용을 که [ke]절로 이끌게 한다. 그러므로 '… 필요하다', '…이 더 좋다', '…가능성이 있다', '…유감스럽다', ' … 나쁘다', '… 좋다' 등의 문장이 맨 앞에 오게 된다.

لازم است که آن را بخرم.

[lãzem ast ke ãn rã bekharam.] (나는) 그것을 살 필요가 있다.

امکان دارد که دوستم هم بیاید.

[emkãn dãrad ke dustam ham biyãyad.] 나의 친구도 올 지 모른다.[8]

ممکن نیست که علی با خودش این کار را کرده باشد.

[momken nist ke ʿali bã khodesh in kãr rã kyarde bãshad.] 알리가 스스로 이 일을 했을 리 없다.[9]

خوب است که هر روز ورزش کنید.

[khub ast ke har ruz varzesh konid.] (당신은) 매일 운동을 하는 것이 좋다.

بهتر است که امروز در خانه ام بمانید.

[behtar ast ke emruz dar khãneam bemãnid.] 오늘 (당신은) 나의 집에 있는 것이 더 좋다.

بهتر بود که دیروز در خانه ام می ماندید.

[behtar bud ke diruz dar khãneam mimãndid.] 어제 (당신은) 나의 집에 있었으면 좋았을텐데.[10]

او گفت : حیف است که چنین عقاب بیگناه و زیبا اسیر باشد.

[u goft: heif ast ke chenin ʿoqãb e bigonãh o zibã asir bãshad.] 그는 말했다: 이렇게 아름답고 죄 없는 독수리가 포획된다는 것은 유감이다.

بد نیست که بدانید روز دهم بهمن را ایرانیان قدیم جشن می گرفتند.

[bad nist ke bedãnid ruz e dahom e bahman rã irãniyãn e qadim jashn mi gereftand.] 옛날 이란인들은 바흐만월(月) 10일을 기념하고 있었다는 것을 (당신이) 알고 있는 것도 나쁘지 않다.

---

8) 직역을 하면, '….올 가능성이 있다'이다.
9) 직역을 하면, ' …했을 가능성이 없다'이다.
10) 사실은 있지 않았었다.

به نظر می آید که برادر رضا از تهران خوشش آمد.

[be nazar mi ãyad ke barãdar e rezã az tehrãn khoshesh ãmad.] 레저의 형[11]은 테헤란을 좋아했다는 것 같다.

به نظر می رسد که آن دعوا تا مدتی ادامه خواهد داشت.

[be nazar miresad ke ãn da'vã tã moddati edãme khãhad dãsht.] 그 싸움은 얼마간 계속 될 것 같다.

مثل این است که من خیلی به او سخت گرفتم.

[mesl e in ast ke man kheili be u sakht gereftam.] 나는 그녀에게 매우 엄격하게 대했던 것 같다.

③ 일반적인 주어를 표현

일반 상식이나 객관적인 진리, 역사적 사실, 금언, 격언, 금기 등 주어가 특정된 인칭이 아닌 경우, می توان [mi tavãn], می شود [mi shavad], '…할 수 있다'와 조동사로 활용되는 باید [bãyad] '…해야만 한다'에 본동사는 과거 3인칭 단수형을 조합하여 의미를 전한다.

با این ماشین می شود رفت؟

[bã in mãshin mishavad raft?] 이 차로 갈 수 있어요?

این را نمی شود خورد.

[in rã nemishavad khord.] 이것을 먹을 수 없다.

این داستان را می توان کوتاه کرد.

[in dãstãn rã mitavãn khutãh kyard.] 이 이야기를 짧게 할 수 있다.

نمی توان باور کرد. [nemi tavãn bãvar kyard.] 믿을 수 없다.

اینجا نباید سیگار کشید. [injã nabãyad sigãr keshid.] 이곳에서 담배 피워서는 안된다.

باید به آنجا رفت. [bãyad be ãnjã raft.] 그곳으로 가야만 한다.

11) 남자 형제를 의미한다. '레저'가 남자 이름이기 때문에, '아우'로 번역할 수도 있다.

4. 파생어

이란(페르시아)어의 파생어는 접사에 의해 만들어진다. 파생어의 접사에는 접두사(接頭辭), 접미사(接尾辭) , 접요사(接腰辭)가 있다.

① 접두사

어휘의 맨 앞에 연결하는 접사를 의미한다.

i نا [nã] 부정을 의미한다.

نااميد	[nãomid]	절망적인, 실망한 (اميد [omid] 희망)
ناچيز	[nãchiz]	무가치한, 하찮은 (چيز [chiz] 물건, 일)
نادان	[nãdãn]	무지한, 우둔한 ([12] دانستن → دان [dãn] 알다)
ناراحت	[nãrãhat]	불편한, 불안한 (راحت [rãhat] 편안한, 안락한)
نامرد	[nãmard]	남자답지 않은, 겁이 많은 (مرد [mard] 남자, 남성)
نامناسب	[nãmonãseb]	적합하지 않은, 부적당한 (مناسب [monãseb] 적당한)
نایاب	[nãyãb]	희귀한 (یاب → یافتن [yãb] 얻다, 획득하다)

ii بی [bi] 부정을 의미한다.

بی ادب	[biadab]	버릇없는, 무례한 (ادب [adab] 예의)
بی سواد	[bisavãd]	문맹의 (سواد [savãd] 문해능력)
بی کار	[bikãr]	실직한, 직업이 없는, 일이 없는 (کار [kãr] 일, 직업)
بی وفا	[bivafã]	불성실한 (وفا [vafã] 성실)

12) 현재어근을 의미한다.

بی هوش	[bihush]	기절한, 의식을 잃은 (هوش [hush] 의식)
بی طرف	[bitaraf]	중립의 (طرف [taraf] 방향)

iii بلا [belã] 부정을 의미한다.

بلا فاصله	[belãfãsele]	즉각, 중단없이 (فاصله [fãsele] 간격, 간극)
بلا شرط	[belãshart]	조건없이, 무조건 (شرط [shart] 조건)
بلا تردید	[belãtardid]	의심없이 (تردید [tardid] 의심)
بلا صاحب	[belãsãheb]	소유주 불명의 (صاحب [sãheb] 소유자)

iv هم [ham] '함께', '동일한' 라는 의미를 나타낸다.

13) هم آهنگ	[hamãhang]	조화로운, 어울리는 (آهنگ [ãhang] 음색)
همراه	[hamrãh]	동행자, 동반자 (راه [rãh] 길)
همسایه	[hamsãye]	이웃 (سایه [sãye] 그림자, 그늘)
همسر	[hamsar]	배우자 (سر [sar] 머리)
همسن	[hamsenn]	동갑 (سنّ [senn] 나이)
هموطن	[hamvatan]	동포 (وطن [vatan] 조국)
هم سفر	[hamsafar]	여행을 함께 하는 동행자 (سفر [safar] 여행)

v با [bã] '…을 가진', '…포함한'의 의미를 나타낸다.

با ادب	[bãadab]	예의바른 (ادب [adab] 예의)
با سواد	[bãsavãd]	읽고 쓸 수 있는, 교양이 있는(سواد [savãd] 읽고 쓰는 능력)
با شکوه	[bãshokuh]	웅대한, 훌륭한, 빛나는 (شکوه [shokuh] 장엄, 웅대)

13) هماهنگ 으로 쓰기도 한다.

باصفا	[bãsafã]	기분좋은, 즐거운 (صفا [safã] 청명함, 즐거움)
باهوش	[bãhush]	영리한, 지적인 (هوش [hush] 지성)
بااستعداد	[bãeste'dãd]	유능한 (استعداد [este'dãd] 능력)

vi كم [kyam] '…부족한' 의 의미를 나타낸다.

كم بود	[kyambud]	부족 (بود → بودن [bud] -이다, 있다)
كم جمعيت	[kyamjam'iyat]	인구가 적은 (جمعيت [jam'iyat] 인구)
كم حرف	[kyamharf]	말이 없는, 입이 무거운 (حرف [harf] 말)
كم خون	[kyamkhun]	빈혈의 (خون [khun] 피)
كمرنگ	[kyamrang]	(색, 차 등이) 흐린, 엷은 (رنگ [rang] 색)
كمياب	[kyamyãb]	드문, 희귀한 (ياب → يافتن [yãb] 얻다)

vii پر [por] '…가 많은', '…가득한' 의 의미를 나타낸다.

پرحرف	[porharf]	말이 많은, 수다스러운 (حرف [harf] 말)
پرخور	[porkhor]	많이 먹는, 탐욕스런 (خور → خوردن [khor] 먹다)
پررنگ	[porrang]	색이 진한, (차 등의) 농도가 진한 (رنگ [rang] 색)
پرمعنى	[porma'ni]	의미심장한, 중요한 (معنى [ma'ni] 의미)
پركار	[porkãr]	부지런한, 오래 견디는 (كار [kãr] 일)
پرفروش	[porforush]	최고 판매, 기록적인 판매 (فروش [forush] 판매)

viii غير [gheir] 부정을 나타내며, 에자훼가 붙는다.

غير رسمى	[gheir e rasmi]	비공식의, 약식의 (رسمى [rasmi] 공식의)
غير عادى	[gheir e 'ãdi]	평범하지 않은, 보통의 (عادى ['ãdi] 보통의)
غير قانونى	[gheir e qãnuni]	불법의, 비합법적인 (قانونى [qãnuni] 벌률의, 법의)

غیر ممکن	[gheir e momken]	불가능한 (ممکن [momken] 가능한)
غیر مستقیم	[gheir e mostaqim]	간접의, 우회적인(مستقیم [mostaqim] 직접적인)
غیر مسلمان	[gheir e mosalmãn]	비이슬람교도 (مسلمان [mosalmãn] 이슬람교도)

② 접미사

어휘의 맨 뒤에 연결하는 접사를 의미한다.

i بان …[…bãn] '…을 지키는 사람'의 의미를 나타낸다.

باغبان	[bãghbãn]	정원사 (باغ [bãgh] 정원)
دربان	[darbãn]	수위, 문지기 (در [dar] 문)
پاسبان	[pãsebãn]	경찰 (پاس [pãs] 감시, 경계)
نگهبان	[negyahbãn]	경비원, 감시원 (نگه = نگاه [negãh = negyah] 관찰, 주시(축약형))

ii دان …[…dãn] '…가 들어있는 것', '용기'의 의미를 나타낸다.

نمکدان	[namakdãn]	소금 용기 (نمک [namak] 소금)
قلمدان	[qalamdãn]	필통 (قلم [qalam] 펜)
گلدان	[goldãn]	화병 (گل [gol] 꽃)

iii ستان …[…stãn] '장소', '…땅'라는 의미를 나타낸다.

گلستان	[golestãn]	장미정원 (گل [gol] 꽃, 장미)
بیمارستان	[bimãrestãn]	병원 (بیمار [bimãr] 환자)
قبرستان	[qabrestãn]	묘지 (قبر [qabr] 무덤, 묘)
افغانستان	[afghãnestãn]	아프가니스탄 (افغان [afghãn] 아프가니스탄 사람)

ⓘⓥ گاه ...[···gãh] '···장소, ···곳'[14]라는 의미를 나타낸다.

دانشگاه	[dãneshgãh]	대학교 (دانش [dãnesh] 지식)
ایستگاه	[istgãh]	역, 정류장 (ایست [ist] 정지)
فرودگاه	[forudgãh]	공항 (فرود [forud] 하강, 착륙)
دادگاه	[dãdgãh]	재판소 (داد [dãd] 정의)

ⓥ گر ...[···gyar], گار ...[···gãr], کار ...[kãr], چی ...[···chi][15], َنده ...[···ande][16]
'···하는 사람', '···하는 자'라는 의미를 나타낸다.

کارگر	[kãrgyar]	노동자 (کار kãr] 일, 노동)
آهنگر	[ãhangyar]	대장장이 (آهن [ãhan] 철(鐵))
آموزگار	[ãmuzgãr]	선생님, 교사 (آموز → آموختن [ãmuz] 가르치다)
ورزشکار	[varzeshkãr]	운동선수 (ورزش [varzesh] 운동)
خدمتکار	[khedmatkãr]	하인, 수행원 (خدمت [khedmat] 봉사, 서비스)
گناه کار	[gonãhkãr]	죄인 (گناه [gonãh] 죄)
تلفن چی	[telefonchi]	전화교환원 (تلفن [telefon] 전화)
شکارچی	[shekãrchi]	사냥꾼 (شکار [shekãr] 사냥, 수렵)
پست چی	[postchi]	우체부 (پست [post] 우편)
پرنده	[parande]	새 (پر → پریدن [par] 날다)
راننده	[rãnande]	운전수, 기사 (ران → راندن [rãn] 운전하다)
گوینده	[guyande]	아나운서, 화자(話者) (گو → گفتن [gu] 말하다)
نویسنده	[nevisande]	작가, 저술가 (نویس → نوشتن [nevis] 쓰다)

---

14) '···때'를 나타내는 경우도 있다.
15) 이 접미사는 반드시 외래어와 조합을 이룬다.
16) 이 접미사는 '···를 하는 주체'라는 의미도 있다. 동사의 현재어근과 조합을 이룬다.

فرستنده [ferestande] 발신자, 보내는 사람 (فرست ← فرستادن [ferest] 보내다)

گیرنده [girande] 수취인, 받는 사람 (گیر ← گرفتن [gir] 취하다)

vi ه...[…e]는 명사에 연결되어, '…와 유사한 대상'이라는 의미를 나타낸다.

هفت 7 → هفته [hafte] 주(週), 한 주

دست 손 → دسته [daste] 손잡이

چشم 눈(目) → چشمه [cheshme] (물이) 솟는 샘, 원천

vii ک َ...[…ak] 와 چه ... [...che]가 명사에 연결되어 '작다'는 의미를 갖게 된다.

مردم 사람들 → مردمک [mardomak] 눈동자

چشم 눈(目) → چشمک [cheshmak] 윙크, 깜박거림

عروس 신부(新婦) → عروسک ['arusak] 인형

کتاب 책 → کتابچه [ketãbche] 소책자

دفتر 공책 → دفترچه [daftarche] 수첩

دریا 바다 → دریاچه [daryãche] 호수

viii ا ...[…ã]가 형용사에 연결되어 추상명사를 만든다. 또는 명사와 동사의 현재어근에 연결되어 형용사를 만들기도 한다.

گرما [gyarmã] 더위, 열 (گرم [gyarm] 더운)

پهنا [pahnã] 넓이 (پهن [pahn] 넓은, 퍼진)

توانا [tavãnã] 힘있는, 강한, 할 수 있는

(توان ← توانستن [tavãn][17] 할 수 있다)

17) 명사가 될 때는 '힘'이란 의미이다.

ix زار ...[…zãr] '…가 있는 장소'를 나타내는 의미가 된다.

گلزار	[golzãr]	화원, 장미정원 (گل [gol] 꽃, 장미)
مرغزار	[marghzãr]	목초지 (مرغ [margh] 목초, 풀밭)
لالەزار	[lãlezãr]	튤립 정원 (لاله [lãle] 튤립)

x مند ...[…mand] 는 명사에 연결되어 '…을 가지고 있는'의 의미를 나타낸다.

دانشمند	[dãneshmand]	학자, 학식이 있는 (دانش [dãnesh] 지식)
كارمند	[kãrmand]	회사원, 직원 (كار [kãr] 일)
علاقه مند	['alãqemand]	관심이 있는 (علاقه ['alãqe] 관심)
آرزومند	[ãrezumand]	희망하는, 원하는, 갈망하는 (آرزو [ãrezu] 희망)

xi ناک ...[…nãk] 는 '… 충분하다'는 의미를 나타낸다.

خطرناک	[khatarnãk]	위험한 (خطر [khatar] 위험)
ترسناک	[tarsnãk]	두려운, 무시무시한 (ترس [tars] 무서움, 놀람)
نمناک	[namnãk]	젖은, 축축한 (نم [nam] 습기, 습한)
وحشتناک	[vahshatnãk]	공포스러운 (وحشت [vahshat] 공포, 두려움)

xii انه ...[…ãne]는 명사에 연결되어 '…와 같은, …같이'라는 의미를 나타낸다.

ديوانه	[divãne]	미친, 제정신이 아닌 (ديو [div] 마귀, 악마)
روزانه	[ruzãne]	일상의, 매일의 (روز [ruz] 날, 일)
دوستانه	[dustãne]	우호적으로, 다정한 (دوست [dust] 친구)
بچگانه	[bachchegãne]	어린애 같은, 어린애의 (بچّه [bachche] 어린이, 아이)
مردانه	[mardãne]	남자의, 남성적인 (مرد [mard] 남자)

xiii گین ...[···gin]은 명사에 연결되어 형용사를 만든다.

غمگین	[ghamgin]	슬픈 (غم [gham] 슬픔)
خشمگین	[khashmgin]	화난, 격노한 (خشم [khashm] 화, 노여움)
سنگین	[sangin]	무거운 (سنگ [sang] 돌)

xiv و ...[···u]는 명사에 연결되어 '…성질을 갖고 있는'의 형용사를 만든다.

ترسو	[tarsu]	비겁한, 소심한 (ترس [tars] 무서움)
شکمو	[shekyamu]	많이 먹는, 대식가 (شکم [shekyam] 배, 위)

xv ور ...[···var]는 '…성질을 갖고 있는 것'의 의미를 나타낸다.

دانشور	[dãneshvar]	학자 (دانش [dãnesh] 지식)
جانور	[jãnevar]	동물 (جان [jãn] 생명, 영혼)

xvi ش ...[···esh]는 동사의 현재어근에 연결되어 추상명사를 만든다.

پرورش	[parvaresh]	교육, 양육, 육성 (پرور → پروردن [parvar] 기르다, 양육하다, 교육하다)
پرسش	[porsesh]	질문 (پرس → پرسیدن [pors] 질문하다)
فرمایش	[farmãyesh]	명령 (فرما → فرمودن [farmã] 명령하다)
خواهش	[khãhesh]	요청, 요구 (خواه → خواستن [khãh] 원하다, 바라다)

xvii اک ...[···ãk]가 동사의 현재어근에 연결되어 명사를 만든다.

خوراک	[khorãk]	음식, 식료품 (خور → خوردن [khor] 먹다)
پوشاک	[pushãk]	의복, 복장, 의상 (پوش → پوشیدن [push] 입다)

xviii آسا ...[··· ãsã] 는 '··· 처럼', '···과 유사한'라는 의미의 형용사와 부사를 만든다.

برق آسا [barq ãsã] 전격적인, 전류처럼 (برق [barq] 전류, 섬광, 전기)

معجزه آسا [mo'jeze ãsã] 기적적인, 기적처럼 (معجزه [mo'jeze] 기적)

xix ان ...[···ãn] 는 동사의 현재어근에 연결되어 형용사를 만든다.

لرزان [larzãn] 흔들면서, 흔들리는 (لرز → لرزيدن [larz] 흔들리다)

روان [ravãn] 흐르는, 유통하는 (رو → رفتن [rav] 가다)

دوان [divãn] 뛰어서, 뛰면서 (دو → دويدن [dav] 달리다, 뛰다)

لغزان [laghzãn] 미끄러운 (لغز → لغزيدن [laghz] 미끄러지다)

xx ی ...[···i]의 다양한 기능을 다음과 같이 정리한다.

• 명사에 연결되어 형용사 또는 추상명사를 만든다.

دست [dast] 손 → دستی [dasti] 손의, 손으로 만든, 수동의

خجالت [khejãlat] 부끄러움 → خجالتی [khejãlati] 부끄러운, 수줍어하는

آب [ãb] 물 → آبی [ãbi] 물의, 푸른색의, 물 같은

دوست [dust] 친구 → دوستی [dusti] 우정

دشمن [doshman] 적 → دشمنی [doshmani] 적대감

مرد [mard] 남자 → مردی [mardi] 남성다운

روز [ruz] 날, 일 → روزی [ruzi] 하루의 식량

زبانشناس [zabãnshenãs] 언어학자 → زبانشناسی [zabãnshenãsi] 언어학

• 국명에 연결되면 '…의', '…사람'가 되고, 일부의 경우는 '…어'의 의미도 함께 나타낸다.

کره	[kore] 한국	→	کره ای	[korei] 한국의, 한국인, 한국어
ایران	[irãn] 이란	→	ایرانی	[irãni] 이란의, 이란인
ژاپن	[zhãpon] 일본	→	ژاپنی	[zhãponi] 일본의, 일본인, 일본어

• 명사에 연결되어 형용사, 부사를 만든다.

تلفن	[telefon] 전화	→	تلفنی	[telefoni] 전화의, 전화로
کتاب	[ketãb] 책	→	کتابی	[ketãbi] 책의, 책모양의, 서적상으로

• 형용사에 연결되어 명사를 만든다.

دراز	[derãz] 긴	→	درازی	[derãzi] 길이
بزرگ	[bozorg] 큰	→	بزرگی	[bozorgi] 큼, 위대함
خسته	[khaste] 피곤한	→	خستگی	[khastegi] 피로
زنده	[zende] 살아있는	→	زندگی	[zendegi] 삶, 생활, 인생
گرسنه	[gorosne] 배고픈	→	گرسنگی	[gorosnegi] 배고픔, 공복

단, 묵음의 ه [e]로 끝나는 형용사인 경우, ه 를 생략하고, 그 대신 گ 를 넣고, 접미사 ی ...[…i]를 연결시킨다.

• 동사의 기본형에 연결되어 '…할 만한', '…할 수 있는'의 의미를 나타낸다.

خوردنی	[khordani]	먹을 만한, 먹을 수 있는 (خوردن [khordan] 먹다)
دیدنی	[didani]	볼 만한, 구경할 만한 (دیدن [didan] 보다)
باور کردنی	[bãvar kyardani]	믿을 만한, 믿을 수 있는 (باور کردن bãvar kyardan] 믿다)

③ 접요사

두 어휘의 중간에 첨가되는 접사를 의미한다. 어휘와 어휘 중간에 ...ا ... [⋯ã⋯]를 넣어 구성된다.

رنگارنگ	[rangã rang]	다채로운, 가지각색의 (رنگ [rang] 색)
گوناگون	[gunã gun]	여러가지의, 여러형태의 (گون [gun] 종류)
بناگوش	[bonã gush]	귀 밑(گوش [gush] 귀 + بن [bon] 바닥, 뿌리)
سراسر	[sarã sar]	도처에, 처음부터 끝까지, 전부 (سر [sar] 처음)
لبالب	[labã lab]	가장자리까지 가득찬 (لب [lab] 가장자리)
جوراجور	[jurã jur]	다양한, 여러 종류의 (جور [jur] 종류, 방법)

5. 합성어

합성어는 단독 어휘가 조합을 이루어 구성된다.

1) 형용사 + 명사, 명사 + 명사

سفید پوست [sefid pust] 백인종 (سفید 하얀, 백(白) + پوست 피부)

خوش اخلاق [khosh akhlãq] 품행이 단정한 (خوش 좋은 + اخلاق 도덕, 품행)

بلبل زبان [bolbol zabãn] 다변의, 말이 많은 (بلبل 밤꾀꼬리 + زبان 말, 언어)

فارس زبان [fãrsi zabãn] 이란어 화자(話者) (فارسی 이란어 + زبان 말, 언어)

2) 명사 + 형용사, 명사 + 전치사

تن درست [tan dorost] 건강한 (تن 신체 + درست 건강한, 옳은)

دلتنگ [del tang] 외로운, 적막한 (دل 마음 + تنگ 좁은, 꽉 죄는)

خاک بر سر [khãk bar sar] 불운한 (خاک 흙 + بر سر 머리 위에)

پا در هوا [pã dar havã] 확고하지 못한, 근거없는 (پا 다리, 발 + در هوا 공중에)

3) 명사 + 동사의 현재어근, 명사 + 동사의 과거어근

چشم رس [cheshm ras] 시야 (چشم 눈 + رس → رسیدن 도착하다)

ماهی گیر [mãhi gir] 어부 (ماهی 물고기 + گیر → گرفتن 잡다, 취하다)

خدا پسند [khodã pasand] 신의 뜻에 맞는
(خدا 신(神) + پسند → پسندیدن 좋아하다, 승인하다, 택하다)

4) 명사 + 명사, 단, 에저훼를 붙이지 않는다.

پدر زن [pedar zan] 장인 (پدر 아버지 + زن 아내)

روزنامه [ruz nāme] 신문 (روز 일(日), 날 + نامه 편지)

سر درد [sar dard] 두통 (سر 머리 + درد 고통, 아픔)

هنرپیشه [honar pishe] 배우 (هنر 기술, 예술, 솜씨 + پیشه 직업)

5) 명사 + 명사, 단, 에저훼를 붙인다.

باغ وحش [bāgh e vahsh] 동물원 (باغ 정원 + وحش 야수)

راه آهن [rāh e āhan] 철도 (راه 길 + آهن 철)

لباس خواب [lebās e khāb] 잠옷 (لباس 옷 + خواب 잠)

تخت خواب [takht e khāb] 침대 (تخت 평상 + خواب 잠)

6) 동사의 과거어근 + 동사의 과거어근을 و [o]로 연결한다.

آمد و رفت [āmad o raft] 왕래, 왕복 (آمد → آمدن 오다 + رفت → رفتن 가다)

داد و ستد [dād o setad] 거래, 매매 (داد → دادن 주다 + ستد → ستدن 얻다)

نشست و برخاست [neshast o barkhāst] 교제, 제휴

(نشست → نشستن 앉다 + برخاست → برخاستن 일어나다)

7) 한 동사의 과거어근 + 현재어근

گفتگو [goftgu] 회화 회담 (گو → گفتن + گفت → گفتن 말하다)

جستجو [jostju]] 탐색 (جو → جستن + جست → جستن 찾다, 발견하다)

شستشو [shostshu] 세탁 (شو → شستن + شست → شستن 닦다, 세탁하다)

8) 명사 + 명사를 و [o]로 연결한다.

آب و هوا [ãb o havã] 날씨 (آب 물 + هوا 공기)

مرز و بوم [marz o bum] 국토, 본국, 조국 (مرز 국경 + بوم 지역)

9) 전치사, 형용사, 부사 + 동사의 현재어근, 과거어근

پس انداز [pas andãz] 저축 (پس 후(後)의 + انداز → انداختن 던지다)

پیشکش [pish kesh] 선물로 줌
(پیش 앞에, 전(前)의 + کش → کشیدن 끌어당기다)

پیشگو [pish gu] 예고자 (پیش 앞에, 전(前)의 + گو → گفتن 말하다)

تند نویس [tond nevis] 속기사 (تند 빨리 + نویس → نوشتن 쓰다)

دوربین [dur bin] 망원경 (دور 먼, 멀리 + بین → دیدن 보다)

پیشرفت [pish raft] 진보 (پیش 앞에, 전(前)의 + رفت → رفتن 가다)

پیش پرداخت [pish pardãkht] 선불, 선금
(پیش 앞에, 전(前)의 + پرداخت → پرداختن 지불하다)

10) 명사 + 동사의 과거분사

یخ بسته [yak baste] 얼어붙은 (یخ 어름 + بسته → بستن 얼다)

دل شکسته [del shekyaste] 실망한
(دل 마음 + شکسته → شکستن 깨뜨리다, 깨지다)

جهان دیده [jahãn dide] 경험을 많이 쌓은 (사람), 세계를 본 (사람)
(جهان 세상, 세계 + دیده → دیدن 보다. 만나다)

رنگ پریده [rang paride] 색이 바랜
(رنگ 색 + پریده → پریدن (색깔이) 바래다, 파래지다)

참고문헌

ابوالحسن نجفی ، فرهنگ فارسی عامیانه (دو جلد)، تهران، انتشارات نیلوفر، 1378.
احمد علامه فلسفی، دستور زبان فارسی، تهران، انتشارات پیام آزادی، 1381.
امیر رضا کاشانی، مکالمات روزمره زبان فارسی، انجمن قلم ایران، 1377.
جلیل بانان صادقیان، آموزش زبان فارسی، شورای گسترش زبان و ادبیات فارسی، 1369.
حسن انوری ، فرهنگ بزرگ سخن، تهران، انتشارات سخن(جلد 1 -8)، 1381.
علی اکبر دهخدا، لغتنامه دهخدا، تهران، مؤسسه انتشارات دانشگاه تهران، 1377.
غلامحسین صدری افشار؛ نسرین حکمی؛ نسترن حکمی، فرهنگ فارسی امروز، تهران، مؤسسه نشر کلمه، 1373.
محمد زاده میانجی، فارسی مدرن، تبریز، نشر مهران، 1374.

Lambton, A.K.S., Persian Grammar, Cambridge University Press, 1971.
Manoochehr Sotodddeh, Persian, Center for the history and culture of Iran and the middle east of University of Tehran, 1344.
Moali pour, A Persian - English Grammar and Daily Conversation, Noser Press, 1971.

黒柳恒男, ペルシア語四週間, 大學書林, 1982.
藤元優子, ペルシア語手紙の書き方, 大學書林, 1993.
中村公則, 新版 らくらくペルシア語文法+會話, 國際語學社, 2005.
吉枝聡子, ペルシア語文法, 白水社, 2011.

دستور زبان فارسی

이란어 문법

초판 인쇄 2017년 2월 13일
초판 발행 2017년 2월 20일

지은이 김영연
발행인 김인철
총괄 · 기획 가정준 Director, University Knowledge Press
편집장 신선호 Executive Knowledge Contents Creator
도서편집 김민정 Contents Creator
전자책편집 최인우 Chief e-Contents Creator
재무관리 김은혜 Managing Creator
발행처 한국외국어대학교 지식출판원
02450 서울특별시 동대문구 이문로 107
전화 02)2173-2493~7
팩스 02)2173-3363
홈페이지 http://press.hufs.ac.kr
전자우편 press@hufs.ac.kr
출판등록 제6-6호(1969. 4. 30)
디자인 · 편집 디자인퍼브 02)2254-4308
인쇄 · 제본 네오프린텍(주) 02)718-3111

ISBN 979-11-5901-168-9 13790 정가 20,000원
979-11-5901-166-5 (세트)

*잘못된 책은 교환하여 드립니다.

HUINE은 한국외국어대학교 지식출판원의 어학도서, 사회과학도서, 지역학 도서 Sub Brand이다. 한국외대의 영문명인 HUFS, 현명한 국제전문가 양성(International +Intelligent)의 의미를 담고 있으며, 휴인(携引)의 뜻인 '이끌다, 끌고 나가다'라는 의미처럼 출판계를 이끄는 리더로서, 혁신의 이미지를 담고 있다.